33 Predigten über das Wunder der Heiligen Nacht

Veröffentlichungen von Willi Hoffsümmer im gleichen Verlag

Für die Gottesdienstgestaltung

Bausteine für Familiengottesdienste. Die Evangelien der Sonn- und Feiertage in Symbolen, Geschichten, Spielen und Bildern – Lesejahr A (³1998); – Lesejahr C (²1995); Bausteine für Familiengottesdienste. Besondere Anlässe im Kirchenjahr … (1996); 3 x 7 Bußfeiern mit Gegenständen aus dem Alltag (²1996); Umkehr. 25 Bußfeiern … (1996); 5 x 7 Ideen für Familiengottesdienste durch das Kirchenjahr (³2003); Familiengottesdienste für die Lesejahre A–C. Mit Symbolen und Geschichten (²2003); 12 Erstkommunionfeiern mit Symbolen. Festgottesdienst, Andacht, Dankmesse (³2004); 3 x 11 Ideen für Familiengottesdienste durch das Kirchenjahr (2004); 111 Ideen für Gottesdienste und Feiern mit Senioren (²2005); Der Natur abgelauscht. 115 Bausteine mit Symbolen für Familiengottesdienste (2005); 35 Ideen für Familiengottesdienste durch das Kirchenjahr (2007); Maria zu loben. Das große Werkbuch für Gottesdienst und Gemeinde (2007); 21 Aufnahmefeiern für Ministrantinnen und Ministranten. Mit Zeichen und Symbolen (2007); 63 Bausteine für Familiengottesdienste in der Advents- und Weihnachtszeit (2007); 17 Bußfeiern mit Gegenständen aus dem Alltag (2008)

Zeichen- und Symbolpredigten

Anschauliche Predigten für Kinder-, Jugend- und Familiengottesdienste (⁵1993); 144 Zeichenpredigten durch das Kirchenjahr. Mit Gegenständen aus dem Alltag (⁷1998); 99 Kinderpredigten (⁴1996); 133 Kinderpredigten (⁹1996); 122 Symbolpredigten durch das Kirchenjahr (³1994); 88 Symbolpredigten durch das Kirchenjahr (²1995); 9 x 10 Symbolpredigten durch das Kirchenjahr (²1999); 70 Symbolpredigten für Familiengottesdienste durch das Kirchenjahr (2002); 7 x 12 Symbolpredigten für Familiengottesdienste durch das Kirchenjahr (2005); 50 Ansprachen mit Symbolen für Trauergottesdienst und Beerdigung (³2006); 55 Taufansprachen mit Symbolen. Für verschiedene Lebensalter (2006)

Geschichtensammlungen für die Gemeindepraxis

Kurzgeschichten 1: 255 Kurzgeschichten für Gottesdienst, Schule und Gruppe (²³2008); Kurzgeschichten 2: 222 Kurzgeschichten … (¹⁵2008); Kurzgeschichten 3: 244 Kurzgeschichten … (¹³2008); Kurzgeschichten 4: 233 Kurzgeschichten … (¹⁰2008); Kurzgeschichten 5: 211 Kurzgeschichten … (⁷2008); Kurzgeschichten 6: 155 Kurzgeschichten … (⁴2007); Kurzgeschichten 7: 144 Kurzgeschichten … (²2006); Kurzgeschichten 8: 177 Kurzgeschichten … (²2008); Mehr als 1000 Kurzgeschichten. CD-ROM (²2001); Geschichten als Predigten (³1995); In Geschichten das Leben spiegeln. 140 Geschichten für Gottesdienst, Schule und Gruppe (²1999)

Geschichtensammlungen als Meditations-, Bildband oder Geschenk

Geschichten wie Schlüssel zum Glück (1998); Geschichten wie Anker der Hoffnung (2001); 365 x Zuversicht. Der Seele Flügel schenken (2003); 365 x Rückenwind. Ermutigungen für jeden Tag (2007); 365 x wolkig bis heiter. Ein Sonnenstrahl für jeden Tag (2008)

Bücher zu den Sakramenten – mit Geschichten

Geschichten zur Taufe. Topos Taschenbuch 210 (⁵2001); Bußgeschichten. Topos Taschenbuch 99 (⁷1997); Kommuniongeschichten. Brot fürs Leben. Topos Taschenbuch 79 (¹⁰2002); Firmgeschichten. Hinführung zur Firmung für Jugendliche und Gruppenleiter. Topos Taschenbuch 126 (⁹1998); Und er umarmt dich. Geschichten von Schuld und Versöhnung (²2002); Auf dem Weg mit Jesus. Geschichten zur Erstkommunion (2003)

Für Gruppen und Schule

27 Modelle für Gruppenstunden und Religionsunterricht (²1997); Religiöse Spiele für Gottesdienst und Gruppen. Band 1 (⁶1994); 77 religiöse Spielszenen für Gottesdienst, Schule und Gruppe (³1994); 9 x 9 Spielszenen für Gottesdienst, Schule und Gruppe (²1998); 40 Gruppenstunden für Ministranten, geeignet auch für Schule, Kinder- und Jugendarbeit (2005)

Glaubensvermittlung

Von der Schöpfung, Gott und Jesus erzählen. 100 Ideen für 3- bis 7-Jährige (³1998); 3 x 30 Ideen für Gottesdienst, Kindergarten und Grundschule (²2003); 2 x 33 Kindergottesdienste für 3- bis 7-Jährige durch das Kirchenjahr (2006); Glaube trägt. Kleiner Katechismus für junge und erwachsene Christen (¹³2007)

Gesamtauflage: über 1.200.000

Willi Hoffsümmer

33 Predigten über das Wunder der Heiligen Nacht

Mit Geschichten und Symbolen

g Matthias-Grünewald-Verlag

Der Matthias-Grünewald-Verlag ist Mitglied
der Verlagsgruppe engagement

Erweiterte und veränderte Neuausgabe von
»24 Predigten um das Geheimnis der Heiligen Nacht«
Alle Rechte vorbehalten
© 2008 Matthias-Grünewald-Verlag der Schwabenverlag AG, Ostfildern
www.gruenewaldverlag.de

Umschlaggestaltung: Finken & Bumiller, Stuttgart
Umschlagabbildung: Altarbild, Detail. Foto: Anneliese Hück
Gesamtherstellung: Matthias-Grünewald-Verlag, Ostfildern
ISBN 978-3-7867-2721-7

Inhalt

Das Weihnachtsgeheimnis in Symbolen

Ein Wort zuvor

Seit ich Seelsorger bin, habe ich schon viele Predigten an Weihnachten und in der Weihnachtszeit gehalten. Doch noch nie war ich versucht, eine alte Predigt mit neuem Kontext wieder zu beleben. Aber ab September jeden Jahres werde ich unruhig, wenn mich noch keine gute Idee gepackt hat.

An Weihnachten liegt eine Sondersituation vor: In der Kirche findet man Menschen, die unter Umständen jahrelang nicht mehr gekommen sind oder die eben nur an Weihnachten am Gottesdienst teilnehmen. Diese Menschen suchen offensichtlich Balsam für ihre Seele. Es ist müßig, sich darüber zu beschweren, dass sie nur einmal im Jahr an diesem Gottesdienst teilnehmen und den regelmäßigen Besuchern die Plätze wegnehmen. Nein, im Gegenteil: besser *einmal* als gar nicht mehr.

Man sollte aber daran denken, dass man sehr verschiedene Gottesdienstteilnehmer/innen vor sich hat, für die unter Umständen eine längere Predigt eine Überforderung wäre. Dann sehe ich nicht wenige Kinder und Jugendliche dazwischen – denen möchte ich auch gerecht werden; dazu noch ganz gestresste Gesichter Erwachsener. Also bitte nicht nur hohe Theologie, die das Herz nicht erreicht.

Darum predige ich seit Jahren gerne mit eindrucksvollen Geschichten. Sie sind doch gesammelte Lebenserfahrungen anderer Menschen, oft auch gewachsene, ja »geronnene« Glaubensbekenntnisse. Und weil Erzähltes und Gezeigtes tiefer im Bewusstsein bleiben, gebrauche ich auch oft Symbole (wörtlich: Zusammengefügtes), die zwei Welten verbinden: die greifbare und die unsichtbare Welt.

Das positive Echo auf solche Predigten hat mich bewogen, sie zu veröffentlichen. Und so hoffe ich, dass sie auch Ihnen Hilfe und Anregung sein können – im Namen dessen, der 33 (siehe Titel!) Jahre lang die Menschen sichtbar begleitete.

Ihr
Willi Hoffsümmer

Das Weihnachtsgeheimnis in Geschichten

Sich tief bücken

1

Vorbereiten: Vorne steht ein Krippenstall mit einem niedrigen Eingang.

Wer an Weihnachten (in der Weihnachtszeit) in diesem Stall das Kind in der Krippe sehen will, muss sich schon ziemlich tief bücken, so niedrig ist der Eingang. Das erinnert mich an Bethlehem. Wer dort in der Geburtskirche zu der Stelle gehen will, an der Christus geboren sein soll, der muss sich zuvor durch einen niedrigen Eingang zwängen. Am Gemäuer ist leicht zu erkennen, dass der Zugang einmal viel höher war. Es wird erzählt, dass Menschen, die nicht an Jesus glaubten, das Heilige Land eroberten und mit ihren Pferden in diese älteste Kirche der Christen hineinritten. Um das zu verhindern, mauerte man die hohe Tür bis auf einen niedrigen Eingang zu. Da mussten die Eindringlinge von ihrem »hohen Ross« heruntersteigen – wie heute noch jeder, der an die Stelle treten will, an der Gott Mensch wurde. Dazu möchte ich eine Geschichte erzählen, eine Fabel: Ihr wisst ja, mit den Tieren sind Menschen gemeint. Und wenn jetzt große und kleine Tiere genannt werden, dann überlegen wir ruhig einmal, zu welchen wir uns zählen. Diese Fabel berichtet:
Als sich die Hirten längst in alle Winde verlaufen hatten und die alten Streitigkeiten überall wieder aufflackerten, da wollten auch die Tiere das Wunder sehen.
Die großen Tiere bestimmten natürlich die Reihenfolge und die kleinen wagten keinen Widerspruch. Der Adler erhob sich in die Lüfte; der Löwe peitschte mit seinem Schwanz den Sand und brüllte laut: »Ich bin der Erste!«; der Elefant posaunte los und die Giraffe lief in eleganten Bewegungen, ihren Kopf auf dem langen

Hals wiegend, hinterher. Maus, Spatz, Maulwurf und Biber aber blieben traurig weit zurück und besahen die gewaltige Staubwolke, die die großen Tiere aufgewirbelt hatten. »Uns hat Gott ja wohl auch nicht gemeint«, sagten sie zueinander, »wo wir doch so klein sind.«

Währenddessen schwebte der gewaltige Adler in Bethlehem ein. Mit weit ausgebreiteten Schwingen kam er vor der Stalltür an. Aber sie war zu schmal für ihn. So schlug er mit beiden Flügeln gegen die Pfosten der Tür und stürzte zu Boden. »Vielleicht ist es besser«, krächzte er, »die Aufwartung zu viert zu machen«, und sprang auf einen Stab mit rundem Knauf, sodass durch seine scharfen Krallen die Späne flogen.

Da kam auch schon der Löwe angehetzt. Mit großen Sätzen wollte er durch die Tür, er, der König der Tiere, aber seine gewaltige Mähne hinderte ihn daran, die enge Stalltür zu passieren.

Nun erreichte die Giraffe ihr Ziel. Aber weil sie die Nase so hochgereckt hielt, war ihr der Zugang zum niedrigen Stall unmöglich. Doch sie wollte nicht aufgeben und fraß das Stroh vom Dach des Stalles, um hineinzusehen. Und weil es in Bethlehem regnete, ergoss sich nun das Regenwasser in den Stall.

Als schließlich noch der Elefant anlangte und versuchte, sich mit seinem ganzen Gewicht durch die enge Stalltür zu zwängen, wankte das erbärmliche Gebäude in seinen Grundfesten.

Da war es Josef dann doch genug! Er streckte seine Hand nach seinem Wanderstab, um der Bande da draußen gute Sitten beizubringen, und musste feststellen, dass er den Stab vor der Tür hatte stehen lassen, und der war mittlerweile von des Adlers Krallen total ramponiert. Als ihn dann noch ein Wasserschwall von oben traf und er vor der Hütte in ein tiefes Morastloch trat, das der Elefant verursacht hatte, da musste Maria schon ein mahnendes »Josef!« rufen, damit kein falsches Wort am heiligen Ort fiel.

Viel, viel später gelangten auch die kleinen Tiere an. Das ging ja alles nicht so schnell: Die Maus hatte zu kurze Beine; der Maulwurf kam in seiner Blindheit ständig vom Weg ab; der Biber keuchte dauernd, weil ihm das Wasser fehlte, und der Spatz verlor einen halben Flügel an einen Falken. Aber sie schafften es dann doch, weil sie so viel erwarteten. Die Hoffnung auf etwas ganz Großes gab ihnen immer wieder neue Kraft.

Als sie ankamen, gelangten sie mühelos in den Stall: Keiner war zu groß, zu breit, zu laut, zu hochnäsig. Aber wie sah es im Stall aus! Wasserlachen auf dem Boden, vor der Tür Morast, das Dach halb abgedeckt, die Tür hing aus den Angeln, das Kind schrie, Maria war verzweifelt, Josef wütend ... (also fast wie bei euch zu Hause ein paar Stunden vor der Bescherung?).

Die kleinen Tiere merkten, gefeiert wird hier erst später, zunächst werden wir gebraucht. Und dann ging's los: Der Spatz ordnete die Strohhalme im Dach. Die Maus sprang in die Krippe und häckselte in Windeseile das Stroh, der Maulwurf grub eine Abwasserleitung quer durch den Stall, dann auch davor, und der Biber nahm sich Josefs Stockknauf vor: Wieder flogen die Späne, aber diesmal in geordneten Bahnen, und es entstand ein neuer Knauf, spiegelglatt mit wunderbaren Einkerbungen. Dann machte sich der Biber an die Tür, die aus den Angeln hing. Josef trat hilfreich zur Seite und da – da bewegte sich auch draußen etwas: Der Elefant hob mit seinem Rüssel die schwere Tür an; die Giraffe legte Stroh in Bündeln auf das Dach, und der Adler fächelte mit seinen Flügeln Luft in den Stall, damit alles wieder trocknen konnte. Nur der Löwe stand da und staunte. Er verstand noch nicht, welch ganz anderem König er hier begegnete, einem König »von unten«.

Doch er konnte immer noch nicht vor ihn treten: Mit seiner gewaltigen Mähne passte er einfach nicht durch die Tür. Erst als der Maulwurf ihn bat: »Nimm mich doch bitte, wo ich fast blind bin, mit zu dem neuen König!«, da nahm er den kleinen, schwarzen Gesellen auf seine Tatze. Und weil er dabei auf ihn achtete und seinen Kopf schräg zur Seite nach unten legte, konnte er mühelos mit dem Maulwurf zusammen durch die Tür in den Stall gehen.

So dauerte in Bethlehem die Weihnachtsgeschichte noch ein paar Tage länger: Der Stall war trocken, das Dach dicht, die Krippe mit weicher Spreu gefüllt und – Friede unter den großen und kleinen Tieren. Gott war ganz nah bei seiner Schöpfung, bei Menschen und Tieren – nicht irgendwo hoch da droben.

(Verkürzt nach Ulrich Kaiser)

Wenn ich den niedrigen Eingang an unserem Krippenstall hier betrachte, dann weiß ich, warum manche das Kind in der Krippe an Weihnachten gar nicht erblicken: Entweder laufen sie gehetzt an diesem Stall vorbei, oder sie lassen sich vom herrlich geschmückten Weihnachtsbaum und den vielen Geschenken ablenken, oder sie bücken sich nicht tief genug, um das Kind in der Krippe sehen zu können. – Wisst ihr, was ich meine? *(Stille)*

Drei Gestalten an der Krippe

2

Kaum waren die Hirten gegangen – so berichtet eine moderne Legende –, da näherten sich drei merkwürdige Gestalten der Krippe.

Die Erste sah aus wie ein Clown und trug ein buntes Flickenkleid, aber unter der lustigen Maske erschien das Gesicht sehr traurig. Sie beugte sich über die Krippe, strich dem Kind zärtlich übers Haar und sagte mit einem leisen Lächeln: »Ich bin die Lebensfreude. Aber trotz oder wegen des Wohlstandes sind die Herzen der Menschen traurig geworden. Sie haben das Danken verlernt, halten alles für selbstverständlich, und aus diesem Vergessen, wie könnte es anders sein, ist Gleichgültigkeit entstanden. Gleichgültigkeit aber macht das Herz stumpf und hart und schlägt zurück bis in die Verzweiflung.« Die Lebensfreude zog ihr Flickengewand aus und deckte das Kind damit zu. Sie sagte noch: »Darum ist es kalt geworden in dieser Welt. Mein buntes Kleid möge dich wärmen. Schenke den Menschen das Lachen des Herzens wieder zurück!«

Die zweite Gestalt trat vor. Sie schien in Eile und schaute gehetzt umher. Erst als sie das Kind in der Krippe erblickte, entspannten sich ihre Züge. »Ich bin die Zeit«, sagte die Gestalt und strich dem Kind liebevoll über die Wange, »aber wer hat noch Zeit? Die Menschen haben das große Geheimnis vergessen: Zeit vergeht nicht, sie entsteht – wie eine Blume, wie ein Baum. Sie trägt den Keim der Ewigkeit in sich. Sie wächst überall, wo man sie mit anderen teilt.« Sie griff in ihr Gewand und stellte ein Stundenglas vor die Krippe. »Diese Sanduhr schenke ich dir. Du kennst das Geheimnis: Jedes Sandkörnchen, jeder Augenblick, ist kostbar wie Gold.

Er wird aber erst zu Gold, wenn ich ihn verschenke. Du wirst nicht allzu viel Zeit haben, das Geheimnis weiterzusagen.«

Jetzt näherte sich die dritte Gestalt. Ihr Gesicht war einmal sehr schön gewesen; jetzt wirkte es eher verquollen, ja geschunden, als ob es immer und immer wieder geschlagen worden wäre. Als sie sich aber über das Kind beugte, um es ganz nah zu betrachten, da schien es, als heilten die Striemen. »Ich bin die Liebe!«, begann sie zu sprechen. »Es ist nicht leicht, an sie zu glauben, wenn der Partner, der dir ewige Liebe versprochen hat und viele Jahre mit dir gegangen ist, sich abwendet und mit einer anderen Person weitergeht. Es war doch die Treue versprochen! Und jetzt verkümmert alles zum Rechenexempel. Die Wunden in der Seele vernarben nur schwer!« Drei dicke Tränen tropften auf das Kind. »Ich schenke dir die Tränen der Enttäuschung«, sagte die Liebe. »Auch dir werden einmal die Tränen des Verrats und der Verlassenheit nicht fremd bleiben. Aber Wasser hat eine ungeheure Kraft: Es kann Wüsten zum Blühen bringen und Steine aushöhlen.«

Jetzt knieten alle drei vor dem Kind: die Lebensfreude, die Zeit und die Liebe. Das Kind schaute die drei an, als ob es verstanden hätte. Plötzlich stand die Liebe auf und drehte sich zu den Menschen, die im Hintergrund warteten. Sie zeigte auf das Kind und sprach: »Dieses Kind wird zu einem leuchtenden Stern, der alle Finsternis durchbricht. Die Menschen werden das Kind und alle, die ihm nachfolgen, auslachen, ja zum Narren machen. Aber es wird den Menschen die Lebensfreude zurückgeben, weil es eine Freude schenken kann, die über den Tod hinausreicht. – Sie werden es um einen großen Teil seiner Lebenszeit bringen, aber es wird seine Zeit bis zuletzt mit den Menschen teilen. Und weil es eine Liebe leben wird, die bis in den Tod reicht, wird die Welt nie mehr so sein wie früher!«

Und die Liebe rief noch etwas lauter in den Hintergrund, weil immer mehr Menschen kamen: »Wer sich diesem Kind anvertraut, hat den Keim der Ewigkeit in sich!«

(Frei nach Ulrich Peters, Merkwürdige Gäste an der Krippe)

3 Versöhnung ist möglich

Wenn bei den Nachrichten im Fernsehen gezeigt wird, was Bomben anrichten, denke ich manchmal an meine Kindheit zurück. In meiner Erinnerung habe ich gerade noch den Schrecken mitbekommen, wenn die Sirenen gingen. Meine Mutter griff nach dem Notgepäck, packte mich und meine Schwester an der Hand, und dann liefen wir so schnell es ging zum Bunker. Einmal fielen bereits Bomben. Weil ich hinschaute und nicht auf den Weg achtete, stolperte ich und fiel. Voll Entsetzen riss meine Mutter mich hoch: Hatte mich ein Splitter getroffen? Großes Aufatmen, sobald wir den Schutz des Bunkers erreicht hatten.

Aus dieser Zeit gibt es eine Weihnachtsgeschichte, eine wahre Begebenheit, die seltsamerweise bei uns kaum jemandem bekannt ist, in Amerika aber umso mehr:

Im Herbst 1944 vermuteten im Rheinland viele, der Krieg gehe in wenigen Tagen zu Ende. Darum versteckte ein Bäckermeister mit Namen Vincken seine ausgebombte Familie, seine Frau und seinen zwölfjährigen Sohn Fritz, in einem Kübelwagen und fuhr in stundenlanger Nachtfahrt nach Westen, den Amerikanern entgegen. Eine leer stehende Baracke in einer Lichtung des Ardennenwaldes wurde ihr neues Zuhause. Doch die Fronten verhärteten sich. So kam der Heilige Abend 1944 im tief verschneiten Wald. Was damals geschah, hat der Zwölfjährige später aufgeschrieben: Vater war unterwegs. Mutter bereitete am Ofen im spärlichen Licht einer Kerze eine Hühnersuppe zu. Über uns das Dröhnen von Kampfflugzeugen. Da klopfte es.

Draußen standen zwei Amerikaner mit einem verwundeten Kameraden. Mutter wusste: Wer den Feind begünstigt, wird erschossen! Aber die Männer waren bewaffnet. »Kommt rein«, sagte meine Mutter mit einladender Geste. Sie zündete eine weitere Kerze an und schnitt noch ein paar ungeschälte Kartoffeln in die Suppe.

Plötzlich klopfte es wieder an der Tür. Vier Soldaten, bis an die Zähne bewaffnet, baten um Unterkunft. Es waren deutsche Soldaten, die sich ebenfalls verirrt hatten! Mutter behielt die Ruhe: »Wollt ihr mit uns essen? Es sind bereits drei Durchgefrorene hier!« Dann fügte sie hinzu: »Macht jetzt bitte am Heiligen Abend keinen Krawall!« Die Soldaten verstanden und griffen zu den Waffen. Die Amerikaner drinnen auch. Mutter sah jeden Einzelnen an und sagte langsam: »Ihr könntet meine Söhne sein und die da drinnen auch. Es ist Heiligabend. Hier wird nicht geschossen!« Da legten sie nach kurzem Zögern die Waffen in den Schuppen: drei Karabiner, zwei Pistolen, ein leichtes Maschinengewehr sowie zwei Panzerfäuste. Es lag eine unerträgliche Gespanntheit im Raum. Als einer der Deutschen, der in Heidelberg einige Semester Medizin studiert hatte, nach der Wunde des Amerikaners schaute, legte sich die Spannung. Sie packten aus, was sie noch hatten: Ein Kommissbrot und eine Flasche Rotwein. Mutter schnitt das Brot in Scheiben. Jetzt war alles für das kärgliche Weihnachtsmahl bereitet.

Der Zwölfjährige erzählt weiter: Bei uns zu Hause war es nicht üblich, vor dem Essen laut zu beten. Doch alle fassten sich an den Händen und Mutter betete mit ergreifender Innigkeit: »Komm, Herr Jesus, und sei unser Gast ...« Sie schloss mit den Worten: »Und bitte, mach endlich Schluss mit diesem Krieg!« Ich bemerkte Tränen in den Augen der Soldaten ...

Am nächsten Morgen zeigten die Deutschen den Amerikanern die Richtung, in die sie gehen sollten, und ein deutscher Kompass wechselte den Besitzer. So weit der Bericht des Zwölfjährigen.

In der US-Fernsehserie »Ungelöste Geheimnisse« kam es im Januar 1996 zu einem Wiedersehen von Fritz Vincken mit den Amerikanern, von denen einer noch den deutschen Wehrmachtskompass vorzeigen konnte.

(Nach dem Augenzeugenbericht von Fritz Vincken)

Was ließ an diesem Heiligabend 1944 dieses Wunder zu?

Erstens, meine ich, die brennenden Kerzen. Sie rühren unsere Herzen an, sie machen die Atmosphäre be-sinn-licher. Aber es liegt wie immer in unserer Entscheidung, ob wir uns dann im versöhnlichen Geist miteinander unterhalten oder im Streit aufeinander losgehen.

Zweitens war es die Klugheit der Frau, die in dieser heiklen Situation die Ruhe bewahrte – wie wir den Frauen und Müttern auch an diesem Weihnachtsfest wieder danken müssen, dass nicht alle »Bomben« hochgehen, die in der letzten Zeit vielleicht zu Hause gelegt wurden. Also danke diesen geborenen Diplomatinnen und Blitzableitern!

Drittens und vielleicht erstens das Gebet der Mutter. »Sonst beteten wir nie laut vor dem Essen«, berichtet der Jugendliche. Welcher gute Geist hatte der Mutter diese Idee eingegeben und damit vielleicht alle gerettet? Wie oft beten Menschen nur in ausweglosen Situationen, wenn jede Diplomatie ausgereizt ist. Warum rufen wir nicht mehr nach der Hilfe des Himmels, wenn wir mit unseren Aktionen die Herzen nicht mehr erreichen und mit unseren Kräften am Ende sind?

(Hier ein aktuelles Ereignis nennen.)

Im Juli 1985 schrieb der frühere amerikanische Präsident Ronald Reagan an Fritz Vincken: »Während meiner Reise nach Westdeutschland habe ich vom Mut Ihrer Mutter und deren Mitleid während des Krieges gesprochen. Sie hat junge amerikanische und deutsche Soldaten gleichzeitig aufgenommen und das Mahl am Heiligen Abend mit ihnen geteilt. Ihre Geschichte muss immer wieder erzählt werden, weil keiner von uns zu viel über Frieden und Versöhnung hören kann. Das vertrauensvolle Gebet Ihrer Mutter zum Fürst des Friedens ›Komm, Herr Jesus, sei mit uns!‹ am Heiligen Abend bleibt eine zeitlose Unterweisung für alle.«

Jesus will mehr sein als Gast. Er ist Bruder und Freund! Versöhnung ist möglich, wenn wir nur dieses Kind in der Krippe dazwischenkommen lassen!

4 Der scharfkantige Stein passt genau – unter die Krippe

Haben wir auch schon einmal in maßloser Wut gedacht: Diese Nacht werde ich der oder dem einen Stein durch das Fenster knallen? Sieht ja keiner. Ist doch schließlich unverschämt, wenn die Musik des Nachbarn die Scheiben klirren lässt oder der Lehrer oder der Chef ständig zeigt, wer das Sagen hat.

So erzählt auch eine Weihnachtsgeschichte von der Wut eines Eseltreibers, der von seinem Boss gedemütigt wird: Weil er seinen plärrenden Esel nicht zur Ruhe bringen kann, wird er mit Schimpf und Schande vom Hof gejagt. Ja, beim Weggehen hat er einen scharfkantigen Stein aufgehoben. Er liegt ihm gut in der Hand. Er hat Rachegedanken: Wie viele Jahre hat er sich für den Boss abgerackert, und jetzt so was! Er steckt den Stein in die Tasche. Der Augenblick wird kommen, wo er ihn dem verhassten Chef an den Kopf werfen wird.

Aber dann, als sie endlich den Stall betreten, wird der Esel still. Und es ist, als sage er zu seinem Treiber: »Siehst du nicht, was hier los ist?« Natürlich, reden kann der Esel nicht, aber wer so lange miteinander zu tun hat, versteht, was der andere sagen will.

»Siehst du nicht, was hier los ist?«, fragt der Esel wieder.

»Ja, da sind zwei arme Leute, ein Mann und eine Frau, die den Stall als Zuflucht gewählt haben. Und das Neugeborene weint«, stellt der Eseltreiber fest.

»Na, mach schon!«, sagt der Esel, »es weint, weil die Krippe dauernd wackelt, weil das eine Bein zu kurz ist.« Aber wie dem abhelfen? Der Treiber sieht sich im Stall um. Der Esel seufzt: »Greif doch in deine Tasche, du Muffel!«

Was, Muffel nennt er ihn? Das macht der Esel immer, wenn er böse auf den Treiber ist. Der greift in seine Tasche. Da war nichts. Nur der Stein! Und der Esel nickt befriedigt, als er ihn unter das zu kurze Krippenbein schiebt. Er passte genau!

Jetzt ist er ohne Waffe, und damit ohne die Rache, die angeblich so süß ist.

Wie lange brauchen wir »Muffeln«, bis wir den Stein unter all das Wacklige legen, das uns begegnet? Stunden, Tage, Jahre? Wir haben doch ein Recht, uns zu wehren, gegen das Unrecht anzukämpfen!

Der Esel hatte begriffen. Er hat die heilende Nähe des Kindes in der Krippe gespürt.

Wie lange brauchen wir »Muffeln«, um unseren Stein herzugeben? Der Friede, der von der Krippe ausgeht, will auch uns beschenken.

(Die Geschichte erinnert an Otto Wiemer, Der Stein des Eseltreibers)

5 Vom Gesang der Mönche

Ich möchte sie in ein altes Kloster entführen. Nur ein paar alte Mönche lebten noch darin. Der Nachwuchs war ausgeblieben, wie in so vielen Klöstern und Kirchen, denn abgesehen von Weihnachten mehren sich die Kirchen, in denen Sie die unter Sechzigjährigen an zwei Händen abzählen und nach Kindern und Jugendlichen vergebens Ausschau halten können.

Innerlich aber waren die Mönche jung und begeistert geblieben im Dienst an Gott; sie sangen regelmäßig und aus ganzem Herzen das Lob Gottes. Doch es kam kaum noch einer in ihre Gottesdienste, weil sie so abscheulich falsch sangen. Das war eigentlich nicht verwunderlich, denn ein Teil von ihnen war schwerhörig, und aus Angst, mit den anderen nicht Schritt halten zu können, sangen sie immer etwas voraus. Andere hatten kaum noch Luft, um kräftig mitzusingen, und legten immer wieder Pausen ein. Einer hatte schließlich nur noch eine einzige tiefe schöne Note in der Kehle, und er gab immer mit Leidenschaft alles, was er besaß. Sosehr sie sich also auch mühten, es wurde kein schöner Lobgesang. Die Mönche spürten den stummen Vorwurf der Besucher, die immer öfter ausblieben.

Das Weihnachtsfest näherte sich wieder einmal. Bis spät in die Nacht hatten die Mönche gebetet. Als sie mit dem Gesang beginnen wollten, klopfte es an der Tür. Ein junger Mann stand halb erfroren auf der Schwelle. Er war abgehetzt und schien auf der Flucht und war heilfroh, als sie ihm Unterschlupf gewährten.

Beim Essen erzählte er dann, er sei ein guter Sänger. Darüber freuten sich die alten Mönche. Sie sagten: »Komm, sing für uns in der Mitternachtsmesse. Dann werden alle, die kommen, in heller Freude zuhören!« So war es auch. Der junge Mann sang so schön, wie in dieser Gegend noch nie gesungen wurde. Alle lauschten ergriffen. Den Mönchen liefen die Tränen übers Gesicht, so gerührt waren sie. Sie baten ihn, doch noch einen Tag zu bleiben und auch in der Dorfkapelle zu singen. Schnell hatte sich das Ereignis herumgesprochen. So kamen die Leute von überall her.

Aber als die Mönche ihre Plätze eingenommen hatten, sahen sie im grellen Licht einen Engel vor sich. Sie bemerkten, dass er traurig aussah. »Was ist geschehen?«, fragte er, »dass wir in der Heiligen Nacht nicht euren herrlichen Gesang hören durften?«

Die Mönche wussten nicht, wie ihnen geschah: »Wir – und herrlichen Gesang? Wir singen doch falsch, wie allgemein bekannt.« »Ich bin doch ein Brummer«, klagte sich der eine an. »Ich habe doch kein Gehör mehr«, meinte ein anderer. »Und mir bricht immer der Atem ab«, seufzte ein dritter. Der Engel aber schüttelte den Kopf: »Wir im Himmel können nur die Loblieder hören, die aus der Tiefe eines Herzens kommen, und gestern Abend sind wir nicht in diesen Genuss gekommen!«

»Aber habt ihr nicht die wundervolle Stimme des begnadeten Sängers gehört?«

»Nein«, antwortete der Engel bestimmt, »die schönste Stimme kann uns nicht erreichen, wenn sie sich nicht selbst vergessen kann und nicht von der Liebe beseelt ist, *Gott* zu ehren.«

Der Engel war verschwunden. Der Sänger, der nichts gesehen und gehört hatte als zuerst den Schrecken und dann das andächtige Schweigen der Mönche, ließ sich erzählen, was geschehen war. Dann senkte er den Kopf: »Dann betet für mich, damit eines Tages auch meine Stimme den Weg bis zum Himmel findet!«

Von da an setzten die Mönche ihren Lobgesang fort bis zu ihrem Tod. Und der Letzte, dessen Stimme nur noch einen Ton hatte, sang auf dem Sterbelager mit aller Begeisterung: »Gelobt sei der Herr, der sich gnädig jedem Lied neigt, das aus reinem Herzen und guter Absicht erklingt!«

(Nach der stark gekürzten Geschichte von Helene Halmschka, Die Legende von den musizierenden Mönchen)

Diese alte Geschichte möchte ich zuerst denen unter uns ans Herz legen, die hier nie mitsingen, weil sie unseren Gesang nicht durcheinanderbringen wollen. Wenn alle mitsingen, fällt es nämlich gar nicht auf, dass der eine oder die andere unmusikalisch ist. Also demnächst aus ganzem Herzen zur Ehre Gottes mitsingen – *ein* Ton genügt!

Die Legende kann uns aber noch mehr verraten. In all unserem Tun zählen die gute Absicht und das Herz, nicht der äußere Glanz oder die Fassade. Der heilige Pfarrer von Ars hat einmal gesagt: »Du bist nur das, was du vor Gott bist; nicht mehr und nicht weniger!« Das macht denen Mut, die meinen, von Talenten nicht gerade überhäuft worden zu sein. Und das kann die demütiger machen, die sich aufgrund ihrer Fähigkeiten gerne auf die Schulter klopfen.

Dieser Maßstab verbietet es uns aber auch, aus einem Gottesdienst eine »Show« machen zu wollen, um die Menschen hierher zu locken. Sie wissen, dass die freien Fernsehsender ohne jede Hemmung und Verantwortung vorgehen. Selbst wenn wir eine Verführung der Heranwachsenden beklagen, erhalten wir zur Antwort, dass einzig die Einschaltquote und der sichere Arbeitsplatz interessieren. Doch wir können und sollen nicht mit den Methoden der »Kinder dieser Welt« vorgehen. Wie sagte der Engel?: So ein Gottesdienst würde nicht durch die Wolken dringen.

Gefragt sind also Christen, die mit begeistertem Herzen hierher kommen. Die wissen, hier geht es zuerst darum, Gott zu loben und zu danken als selbstverständliche Antwort eines Geschöpfes an den Schöpfer und Erlöser! Gott braucht das nicht, aber eine solche Haltung der Dankbarkeit richtet unser Inneres ganz anders aus: Wir überfordern uns nicht selbst, sondern sehen uns als Beschenkte; erwarten alles von *Ihm* und geben davon nach rechts und links weiter – wenn alles stimmen soll! Und wenn wir diese Erfahrungen weitersagen in eine Welt, die nach Werten sucht, dann können sich auch außerhalb des Weihnachtsfestes wieder die Bänke füllen.

Natürlich ist es auch schön, die Feiern hier in Gemeinschaft zu begehen. Keiner möchte seinen Geburtstag oder Weihnachten alleine feiern. Wir sind auf Gemeinschaft hin angelegt. Es würde uns erst gar nicht geben, wenn nicht zwei die Initiative ergriffen hätten. Und wenn wir Abschied von dieser Erde nehmen müssen, sind wir wieder auf andere angewiesen, die uns die letzten Ehren erweisen. In der Gemeinschaft Gleichgesinnter kann ich Feste feiern. Das machen uns andere draußen immer wieder vor!

So lasst uns jetzt in Gemeinschaft mit ehrlichem Herzen *den* loben und ehren, der uns dieses Kind in der Krippe geschenkt hat: Es will mit uns gehen in guten und in bösen Tagen.

6 Die Macht von Weihnachten

Vorbemerkung: Wenn Sie diese Geschichte durch Anschauung ver-
tiefen möchten, dann legen Sie in ein Postpaket einen Teddy und einen
Brief.

Es war schon spät am Heiligabend. Die Kinder schliefen endlich.
Jetzt erst kamen die Eltern dazu, sich hinzusetzen und Krippe und
Christbaum in Ruhe zu betrachten. »Ach«, sagte die Mutter und
sprang auf, »in die Post habe ich noch gar nicht geschaut. Sie
brachte auch dieses Paket. *(P.* * *bückt sich und nimmt das Paket hoch,
das im Altarraum liegt.)* Es ist noch an meinen Mädchennamen
adressiert. Ich heiße doch schon acht Jahre lang nicht mehr so!
Mutter hat es nachgeschickt! Was mag darin sein?« *(P. öffnet das
Paket und schlägt das Papier zurück; der Teddy wird sichtbar.)*
»Mein Heinrich, mein Schmusetier! Schau, wie abgewetzt er ist
von all den vielen Küssen und vom Streicheln. Und hier und hier
ist er geflickt!«
»Und woher kommt der so plötzlich?«, wollte der Vater wissen.
»Ich weiß es selbst nicht so recht. Ach ja, er könnte von Fräulein
Charlotte kommen. Als ich ungefähr sieben war, habe ich ihn ihr
geschenkt; sie gab mir Flötenstunden, eine gelähmte, ganz arme
Frau. Ich erinnere mich nur noch schwach; ist ja schon über 25
Jahre her. Vielleicht ist ein Brief dabei?! *(P. sucht im Papier nach.)*
Hier ist er: An Gesa von Charlotte Frey. Schau mal, mit welch mü-
den Buchstaben das geschrieben ist! Und hier mit anderer Schrift
darunter: Verstorben am 1. Dezember.

---

* P. = Prediger oder Predigerin.

(P. faltet den Brief auf und liest vor:) ›Meine liebe Gesa, als ich am einsamsten war, hast Du mir geschenkt, was Du am liebsten hattest, Deinen Heinrich. Er war das Wertvollste, das mir jemals geschenkt wurde; denn er hat mir den Glauben an das Gute im Menschen erhalten, auch wenn ich oft anderes erleben musste. Ich danke Dir, Deine Charlotte.‹«

(P. faltet den Brief wieder zusammen, legt ihn in das Paket, setzt es auf den Boden, nimmt aber den Teddy in den Arm.) Die Mutter setzte sich. »Jetzt fällt mir wieder alles ein. Du weißt, ich war ein sehr einsames Kind. Vater stand in der Backstube, Mutter im Geschäft. Keiner hatte Zeit für mich. Zum dritten Geburtstag bekam ich diesen Teddy geschenkt. Er wurde mein Freund. Er ersetzte mir Eltern und Geschwister. Wir waren Tag und Nacht zusammen, wurden ›ein Herz und eine Seele‹. Dann schickte mich Mutter an einem Heiligen Abend zu Charlotte. Sie gab mir einen schön verpackten Christstollen mit und Weihnachtsgebäck und sagte: ›Beeil dich. Wenn du zurück bist, fangen wir mit der Bescherung an!‹ Es wurde schon dunkel. Ich nahm Heinrich mit. In Fräulein Charlottes Wohnung war es noch dunkler. Ich gab die Sachen ab und fragte: ›Wann fängt denn bei dir Weihnachten an?‹

›Jetzt gleich‹, meinte sie, bewegte den Rollstuhl zum Tisch, zündete die einzige Kerze im Raum an und legte das Päckchen von Mutter daneben. Ich war unzufrieden und sagte: ›Wir singen immer: Ihr Kinderlein kommet.‹ Es war mein und Heinrichs Lieblingslied.

Nach dem dritten Vers wollte ich gehen. Ich stand schon an der Tür, in Heinrichs Glasaugen spiegelte sich der Schein der einzigen Kerze; da flüsterte er mir zu: ›Ich muss hier bleiben!‹ Ich verstand Heinrich sofort, er hatte Recht, und ohne zu überlegen, ging ich zurück zu der einsamen Frau. ›Er will mit dir Weihnachten feiern‹, sagte ich und setzte ihr mein Schmusetier auf den Schoß. Ich lief laut heulend durch die Straßen. An diesem Fest habe ich viel geweint!«

»Und du hast ihn nicht wiedergesehen?«, wollte der Vater wissen.

»Doch, zur Flötenstunde. Heinrich saß immer in der rechten Sofaecke und schaute mich freundlich an. Aber jedes Mal sagte er, wenn ich ging: ›Ich muss hier bleiben!‹ Dann sind wir weggezogen und die Verbindung ging schnell verloren.«

Beide schauten auf den schönen Weihnachtsbaum. Dann sagte die Mutter leise: »Woher nahm ich damals die Kraft, mein Schmusetier abzugeben? Woher spürte ich überhaupt, dass hier ein Mensch Trost brauchte und ich dann das Richtige tat? Woher kam die Kraft dazu?«

»Von Weihnachten«, sagte er. *(kurze Stille)*

(Nach der Geschichte »Mein Heinrich« von Barbara Hug, aus: dies., Weihnachtsglanz. Ein Adventskalender für Erwachsene, Kreuz Verlag, Stuttgart 1997)

Diesem Wort »Weihnachten« möchte ich noch etwas hinzufügen, denn dieses Wort ist wie eine Nuss: Wenn ich ihren Kern kosten will, muss ich die Schalen entfernen. Die Schalen, die sind das Brauchtum: der Christbaum, die Geschenke, das Heimelige. Der süße Kern von Weihnachten aber ist das Kind in der Krippe, das uns die Kraft geben kann, loszulassen und neu anzufangen. Wir haben noch eine Weile Zeit, in die Stille zu horchen, um zu hören, wozu es dir und mir neue Kräfte schenken kann. *(Stille)*

(P. legt den Teddy in das Paket zurück und setzt es vor die Krippe oder gut sichtbar in den Altarraum.)

Der unsichtbare Ring

7

Das etwas schwierige Wort »Religion« meint: Du kannst dich an Einem festhalten – wie an einem Rettungsring. So einen unsichtbaren Ring brauchen wir alle. Das Kind in der Krippe, die sichtbare Liebe des unsichtbaren Ringes Gottes, will uns dabei helfen.

Dazu darf ich eine Geschichte aus der großen Notzeit nach dem Zweiten Weltkrieg erzählen. Gerade in einer solchen Not brauchten die Menschen ja einen Halt, um sich nicht alleine zu fühlen oder abzustürzen, oder wenn der Mann monate- und jahrelang im Krieg und in der Gefangenschaft war.

Die Geschichte erzählt von einer Frau mit einer kleinen Tochter, die zu einem Bauern aufs Land evakuiert wurde. Der Wind fegte durch die Ritzen des einzigen Zimmers. Zu allem Unglück bekam die Kleine auch noch hohes Fieber.

Der Bauer, eine Seele von Mensch, der aber selbst sechs Mäuler zu stopfen hatte, brachte ab und zu einen Arm voll dicker Holzscheite, und an Weihnachten, als die Frau sich am liebsten weinend in eine Ecke gesetzt hätte, einen Korb mit Lebensmitteln. Alle Dankesworte schob er beiseite. Er sagte nur: »Mit Gottes Hilfe kommen auch wieder bessere Zeiten.«

Dann nahm er die heißen Fieberhände des Kindes und meinte: »Na, kleines Fräulein, ich habe dir ein Weihnachtsgeschenk mitgebracht, das dir hilft, wieder schnell gesund zu werden!«

»Was ist es?«, fragte die Kleine.

»Ja«, lachte er, »jetzt wirst du neugierig, das ist gut. Es ist etwas Besonderes, das man nirgendwo kaufen kann. Das Christkind hat es mir selbst geschenkt.«

Die Kleine hob leicht den Kopf und schaute den Bauern interessiert an.

»Es ist ein unsichtbarer Ring«, erklärte er und fasste dabei in die Hosentasche. Dann nahm er ihren Finger und streifte den gedachten Ring vorsichtig darüber.

»Ich kann ihn nicht fühlen.«

»Natürlich nicht, er ist ja unsichtbar«, lächelte der Bauer. »Aber der Ring hat eine Zauberwirkung. Die kannst du ausprobieren. Wenn du dir etwas sehr wünschst, drehst du den unsichtbaren Ring an deinem Finger einmal herum und denkst ganz fest an das, was du dir wünschst; dann geht es in Erfüllung. Nur dumme Wünsche erfüllt der Ring nicht«, fügte er hinzu.

»Was sind dumme Wünsche?«, wollte die Kleine wissen.

»Nun, wenn du dir zum Beispiel einen Sack voll Geld wünschen würdest oder dass es Schokolade regnet. Das sind dumme Wünsche.«

»Wenn ich mir nun wünsche, dass ich bald wieder gesund werde, ist das ein dummer Wunsch?«

»Aber ganz und gar nicht«, versicherte der Bauer. »Du musst nur fest daran glauben und etwas Geduld haben. Der Ring erfüllt die Wünsche nie sofort, sondern erst ein paar Tage später. Aber dann ganz bestimmt.«

Das Mädchen war immer lebhafter geworden. »Kann ich es mir gleich wünschen?«, fragte es.

»Nur zu, dreh den Ring und wünsche dir ganz fest etwas.« Die Kleine kniff die Augen zu, damit sie sich ganz auf ihren Wunsch konzentrieren konnte und drehte den unsichtbaren Ring an ihrem linken Finger.

»So«, sagte sie aufatmend, als hätte sie eine schwere Arbeit geleistet, »jetzt werde ich bald gesund.«

»Dann wäre es aber gut, du würdest vorsorglich schon mal etwas essen, damit du nicht so schwach bist, wenn du wieder aufstehen kannst.«

Das leuchtete ihr ein. Sie aß die Brotsuppe ganz auf und danach noch einen Apfel. »Gut so?«, fragte sie lächelnd den Bauern und legte sich dann ziemlich ermattet in die Kissen zurück.

»Prima, ich schicke dir nachher noch ein Glas Milch herauf, die löscht den Durst.« Aufmunternd nickte der Bauer der Frau zu: »Wird schon werden. Kopf hoch und auf Gott vertrauen!« Dann verließ er das Zimmer.

Man sagt, der Glaube versetzt Berge. Die Kleine war der sichtbare Beweis dafür. Seit sie diesen unsichtbaren Ring am Finger trug, war sie wie umgewandelt. Sie wurde erstaunlich schnell gesund. Aber es gab noch andere Zeichen einer Veränderung. Plötzlich ging sie ganz aufrecht und gerade, so als wollte sie sagen, ich fürchte mich nicht mehr vor der Welt und dem, was kommt. Ich habe ja meinen Ring vom Christkind.

In der Schule wurde sie besser. Und weil sie keine Angst mehr ausstrahlte, zeigten auch die Jungen mehr Respekt. Wenn etwas schief ging, lächelte sie nur und sagte: »Keine Angst, das kriege ich schon wieder hin.« Sie war davon überzeugt, dass ihr nichts wirklich Schlimmes mehr zustoßen könne.

Nach sechs Monaten kam der Vater aus der Gefangenschaft zurück; die drei waren überglücklich. Als die Mutter die Tochter ins Bett brachte, lächelte diese selig und sagte: »Der Ring hat geholfen. Das Christkind hat meinen Wunsch erfüllt.«

Diese positive Denkweise blieb auch, als sie längst erwachsen war. Nicht selten zwinkerte sie der Mutter zu und sagte: »Im Notfall habe ich immer noch meinen Ring!«

Und viel, viel später schrieb sie einmal, als sie glücklich verheiratet war und ihr Kind mit einer schlimmen Grippe viele Tage trösten musste: »Ich habe meiner Tochter den unsichtbaren Ring geschenkt.«

Liebe Eltern und Großeltern! Schenken Sie Ihrem Kind oder Enkel diesen unsichtbaren Ring des Glaubens, der Berge versetzen kann. Die Zeiten werden für die nachwachsende Generation noch schwieriger. Sie brauchen etwas, woran sie sich ein Leben lang festhalten können. Sie brauchen das Vertrauen auf den Ring, auf den Rettungsring des Kindes in der Krippe.

Wozu Liebe fähig macht

8

Kaum haben wir an Heiligabend das Kind in der Krippe bewundert oder angebetet, beschert uns der zweite Weihnachtstag eine blutige Geschichte: Unter den Steinen seiner Verfolger bricht Stephanus zusammen.

So schnell kann das auch im Leben gehen: Heute Freude, morgen Leid; heute Geburt, morgen Tod; heute Glaube, morgen Zweifel.

So darf ich eine Weihnachtsgeschichte erzählen, in der *auch* Blut floss:

Sechs Tage vor Weihnachten bekam ein amerikanischer Facharbeiter an seiner Arbeitsstelle über Telefon die Nachricht, dass sein fünfjähriger Sohn Craig von einem Auto überfahren worden sei. Noch am gleichen Tag starb der Junge im Kinderkrankenhaus. Das Auto war so schnell gekommen, dass keiner es bemerkt hatte, und es fuhr ungebremst in das Kind.

Erst abends, als der Vater an dem unbenutzten Bett vorbeikam, wurde ihm klar, was geschehen war. Craig hatte noch drei Schwestern, aber gerade der Kleine half mehr als die anderen, mit den Sorgen einer so großen Familie fertig zu werden. Schon als Baby lächelte er so fröhlich in die Welt, dass die Menschen oft an seinem Kinderwagen stehen blieben. Wenn Besuche gemacht wurden, war es der damals erst dreijährige Craig, der der Gastgeberin sagte: »Sie haben ein wunderschönes Haus!« Bekam er etwas geschenkt, dann war er zu Tränen gerührt. Und er konnte es an das erste Kind weiterschenken, das ihn darum beneidete. Aber jetzt – so ein Kind in einer Sekunde ausgelöscht! Ist das Leben nicht letztlich sinnlos und der Glaube an Gott Selbsttäuschung?

Zuerst schlug die Hilflosigkeit des Vaters in blinden Hass um – gegen den, der das Kind getötet hatte. Das Höchstmaß der Strafe sollte ihn treffen! Die Polizei hatte den Schuldigen inzwischen verhaftet. Er hieß George Williams und war erst fünfzehn Jahre alt. Er kam aus einem zerrütteten Zuhause mit einer überforderten Mutter, hatte die Schule geschwänzt, den Autoschlüssel genommen und war mit Vollgas die Straße hinuntergerast.

Weihnachten rückte näher. Die Eltern waren verzweifelt. Der Vater presste spät in der Nacht die Fäuste gegen die Schläfen und betete: »O Gott, zeige mir, warum das geschehen musste!« Genau in dem Augenblick, so sagte er später, wurde sein Leben verwandelt. Wie ein heller Blitz durchfuhr es ihn. Plötzlich war ihm ganz klar: Das Leben hat nur ein einziges, einfaches Ziel. Es gleicht einem Schuljahr und darin sollen wir die *eine* Lektion lernen: Liebe! Craig hatte in fünf kurzen Jahren seine Lektion gelernt. Wie schnell hatte er Fortschritte gemacht! Wie schnell wurde er in die nächste Stufe versetzt.

Der Mann ging zu seiner Frau, die aufrecht im Bett saß, nichts las oder tat, sondern einfach nur geradeaus starrte und das seit dem Freitagabend. Er nahm ihre Hand und sagte: »Das Leiden auf dieser Erde ist nicht das Ende. Craig hat uns nicht mehr nötig. Aber jemand anders braucht uns: George Williams. Es ist doch Weihnachten. Vielleicht gibt es im Jugendgefängnis keine Weihnachtsgeschenke für ihn – wenn wir nicht was hinschicken!« Seine Frau hörte zu, starrte ihren Mann unentwegt an und brach plötzlich in Tränen aus. »Ja«, sagte sie, »das ist richtig! Es ist seit Craigs Tod das Erste, was richtig ist!«

George Williams entpuppte sich als ein intelligenter, verwirrter und einsamer Junge, der einen Vater ebenso nötig hatte wie die betroffene Familie einen Sohn. Die Freilassung wurde beantragt.

Diese Familie wurde schließlich sein zweites Zuhause. Nach der Schule arbeitete er mit im Betrieb des Facharbeiters und traf sich mit allen zu den Mahlzeiten. Er wurde den drei Mädchen ein guter, großer Bruder.

(Der Unfall geschah 1958. Der Name des Facharbeiters: Max Ellerbusch. Verkürzt nach Pierre Lefèvre)

Niemand soll sich Vorwürfe machen, wenn er zu solch einer Liebe nicht fähig ist. Wir bleiben ja oft hinter unseren Möglichkeiten zurück. Aber mit Blick auf Stephanus sehen wir, was die Kraft des Geistes Gottes und das Vertrauen auf Jesus Christus vermögen. Es ist ja dieselbe Stelle im Herzen oder in der Seele, die Stephanus Ja sagen lässt zum Martyrium und die Eltern in der Geschichte beflügelt, dem, der ihr Kind getötet hat, zu vergeben.
Wir leben in einem Land mit versteckter und manchmal sogar offener Christenverfolgung. Fragen Sie Heranwachsende, was in Schulen und an Arbeitsplätzen mittlerweile geschieht. Doch wenn wir uns für den Geist Gottes öffnen, haben wir eine Chance zwischen Macht und Ohnmacht, ja, wir können über unseren eigenen Schatten springen.

9 Der bucklige Josef

Haben Sie an Weihnachten schon einmal eine Predigt über den hl. Josef gehört? Dabei könnten wir doch wahrscheinlich dieses Fest gar nicht feiern, wenn Josef nicht zu seiner Verlobten gehalten hätte, als sie schwanger war; oder ohne seine Sicherheit, die er Maria gab, als er von Haus zu Haus ging, um ein Quartier zu finden; oder denken wir an seine Umsicht bei der Flucht mitten in der Nacht.

Darum möchte ich heute unseren Blick einmal auf Josef lenken, und zwar auf einen buckligen Josef.

Er stand in der Weihnachtsausstellung einer Künstlervereinigung, und nicht wenige Besucher zogen die Augenbrauen hoch, wenn ihr Blick auf ihn fiel. Ein junges Paar beugte sich zu der kleinen Holzplastik nieder: Auf einem Schemel sitzt eine junge Frau, ein Kind auf dem Schoß haltend. Dahinter steht ein kleiner, buckliger Mann und hat die Hand auf die Schulter der Frau gelegt. Aber warum bucklig? Muss selbst in einer Krippendarstellung schockiert werden, um noch Aufmerksamkeit zu erregen? Sie fragen sich zum Künstler durch: »Warum hat der hl. Josef einen Buckel?«

Der Holzschnitzer setzt sich, lächelt, streckt die Beine lang aus und beginnt zu erzählen:

»Diese Familie hat mich mehr als zwanzig Jahre lang beschäftigt. Immer wieder habe ich die Arbeit daran zurückgedrängt. Ich dachte, ich könne es nicht. Jetzt habe ich mich doch daran gewagt. Ich habe diese drei nur einmal gesehen. Es war nach dem Krieg. Da bin ich auf ein Bauernhaus gestoßen im oberen Mühlviertel. Es war ein kleiner Hof und er hat nicht nach vollen Kammern ausgesehen. Aber ich war sehr hungrig; ich wollte versuchen, etwas zu essen zu bekommen. Als ich in die Stube trat, saß da eine junge Bäuerin mit einem freundlichen Gesicht und hatte ein Kind auf dem Schoß. Sie wurde ein wenig ängstlich, als ein Fremder zur Tür hereintrat. Da kam ein Mann aus der Ofenecke hervor, stellte sich hinter die Frau und legte beschützend seine Hand auf ihre Schuler. Er sagte kein Wort. Aber man merkte es, er würde die Frau und das Kind verteidigen gegen eine ganze Welt voll Gewalt und Bosheit. Ich entschuldigte mich, dass ich eingedrungen war, und fragte, ob sie mir etwas verkaufen könnten, Brot, Eier oder Fett? Der Mann strich beruhigend über die Schulter der Frau, ehe er einen halben Laib Brot holte und ein Stückchen Speck. Da erst merkte ich, dass er klein und bucklig war.

Nie ist mir die Verbundenheit zweier Menschen so deutlich geworden wie damals in diesem abgelegenen Mühlviertler Bauernhaus. Es war eine Zuneigung und ein Vertrauen zwischen den beiden, die mehr spürbar als sichtbar war. Dass der Mann klein und bucklig war, zählte nicht. Ich wollte diese drei darstellen als Heilige Familie, eigentlich als das Heilige in der Familie. Ich habe sie zu zeichnen versucht, hab's in Farbe probiert, aber es ist nie so gelungen, wie ich's wollte. Jahrelang ist die Idee liegen geblieben, aber im vorigen Jahr bin ich doch wieder daran gegangen. Holz schien mir am besten zu ihnen zu passen.

An euch merke ich, dass es mir wieder nicht gelungen ist. Ihr habt nicht gesehen, worum es mir ging: um die Einheit der drei, um ihre unbedingte Zusammengehörigkeit, an der auch ihre Schwächen nichts ändern. Seelische Gebrechen kann man nicht sichtbar machen, darum war der Bucklige gerade das richtige Modell.«

Am nächsten Tag gingen die beiden wieder in die Ausstellung. Vor der kleinen Holzplastik blieben sie stehen und waren sich einig:

»Wir kaufen die Heilige Familie. Gestern hatten wir eine schlechte Antenne, sonst hätten wir begriffen.« Der Mann fügte hinzu: »Wenn ich wieder einmal einen ›Höcker‹ habe aus schlechter Laune und Gereiztheit, dann schau dir den buckligen Josef an und denk daran, dass ich trotzdem immer die Hand auf deiner Schulter habe!«

(Verkürzt nach Berta Stummer aus: »Granatapfel«, Gesundheits- und Familienmagazin der Barmherzigen Brüder, Wien)

Das wäre doch ein Schimmer von Weihnachten, der in den Alltag leuchten könnte: immer, wenn wir unsere »Höcker« zeigen, durchblicken lassen, dass wir trotzdem die Hand auf jeder Schulter liegen haben!

Vom Engel des Friedens

Als die himmlischen Heerscharen über den Feldern Bethlehems ihr Lied jubelten, hörte plötzlich ein kleiner Engel auf zu singen. Ein Großengel, der das sofort bemerkte und befürchtete, das könne Schule machen und ansteckend wirken und vielleicht sogar einen Flügel des mächtigen Heeres lahm legen, ging unauffällig zu dem kleinen Engel und fragte streng: »Warum singst du nicht mehr?«

– Ist uns das auch schon passiert, dass wir ein Bild sehen, ein Wort hören, eine Begegnung haben, und plötzlich Trauer in unsere Seele fällt? Uns gewissermaßen die Töne im Halse stecken bleiben und wir nicht weitersingen können? –

Jedenfalls ließ der Großengel nicht locker und fragte: »Warum singst du nicht mehr weiter?« Der kleine Engel antwortete: »Ich möchte ja. Beim ›Ehre sei Gott in der Höhe‹ konnte ich noch all meine Kraft in den Gesang stecken, aber beim ›Friede den Menschen auf Erden‹ bin ich verstummt: Das stimmt doch nicht! Immer noch laufen Soldaten herum, die auf alles schießen, was sich bewegt; da gibt es Kinder, die schreien ihre Eltern mit Worten an, dass einem die Ohren abfallen; und hast du nicht Herodes gesehen, der sein Gesicht verzieht, um seine Macht fürchtet und sich deshalb etwas Schlimmes einfallen lässt? Da kann ich doch nicht weitersingen!« Und er zeigte ein trotziges Gesicht.

Der Großengel sagte: »Die Bedrohungen und der Unfriede zwischen den Menschen machen dir Kummer, jetzt bringst aber auch du Unfrieden in den Himmel, weil du nicht mehr mitsingst. Du bewirkst genau das Gegenteil!«

– Ist es uns nicht auch schon so ergangen: Wir wachen bärenstark auf und möchten ganz positiv durch den Tag gehen, aber dann begegnet uns ein unmöglicher Arbeitskollege oder eine Nachbarin, oder dein Bruder boxt dich ohne jeden Grund einfach in die Seite, und schon stehen wir in der Gefahr zu explodieren und den Teufelskreis des Bösen zu verstärken, indem wir gekränkt reagieren. Da tritt dann genau das Gegenteil von dem ein, was wir beabsichtigt hatten! –

Der kleine Engel wehrte sich: »Ich will ja nicht behaupten, dass ich immer den Überblick habe, aber ich halte diese Spannung nicht aus. Da bin ich lieber ehrlich.«

»Ach, du willst ehrlich sein!?«, meinte der große Engel. »Ehrlichkeit ist gut, aber wer einem die blanke Ehrlichkeit ohne Liebe ins Gesicht wirft, kann gemein verletzen! Ich will dir die Wahrheit sagen: Dieses Kind in der Krippe wurde geboren, um der Welt den Frieden zu bringen. Ja, es ist die Brücke zwischen der Harmonie im Himmel und dem Krieg auf der Erde. Das Kind in der Krippe wird das neue Lied singen, dass Gott sich dieser Welt erbarmt!«

– Halten wir immer die Spannung zwischen oben und unten aus? Haben wir uns an dem großen »Warum?« auch schon die Stirn blutig geschlagen? »Warum ich?«, sagen wir, wenn uns eine heimtückische Krankheit trifft, wenn uns ein lieber Mensch stirbt oder wir arbeitslos werden. Und dann verlieren wir das Vertrauen zum barmherzigen Gott, beten nicht mehr, gehen nicht mehr in die Kirche, obwohl wir wissen, dass wir oft nur bis vor unsere Füße schauen oder bis zur nächsten Wegbiegung, und wir geben Gott keine Chance, uns zu zeigen, dass er auf krummen Zeilen gerade schreiben kann! –

»Wenn das so ist«, sagte der kleine Engel, »dann singe ich gerne weiter!« »Nein, nein«, wehrte der Großengel ab, »du kannst jetzt nicht mehr in den himmlischen Frieden zurückkehren. Wenn du spürst, was der Erde abgeht, bist du der ideale Helfer und wirst dich auf den Weg machen, den Menschen mehr Sehnsucht nach Frieden in die Herzen zu legen.«

– Ähnlich ist das auch bei uns! Schauen Sie mal nach rechts: Von denen halten Sie den einen oder anderen für einen Heuchler. Aber glauben Sie, dass der sich an die Brust klopft? Nein, der sieht auf die andere Seite und denkt: »Nu guck mal, dieser Pharisäer da, und dort hinten diese Pharisäerin! Das tu ich mir nur einmal im Jahr an, mit denen hier zusammen zu sein.« Merken Sie?: Wir spucken uns gegenseitig in die Suppe. Wenn wir spüren, dass hier schon mehr Frieden nötig ist, dann können wir nicht in den häuslichen Frieden zurückkehren, dann sind wir die idealen Bewährungshelfer, die unbedingt anfangen müssen, an einer besseren Welt zu arbeiten. –

So sagte der große Engel zu dem kleinen: »Geh, säe mehr Sehnsucht nach Frieden in die Herzen der Menschen! Decke heuchlerisches Tun auf! Mache misstrauisch gegen laute Töne! Wenn du Frieden in die Häuser bringen willst, werden sie dich manchmal rauswerfen. Aber dann bleibe hartnäckig auf den Stufen sitzen und nimm die Unschuldigen unter deine Flügel!«

Zuerst war der kleine Engel noch kleiner geworden: Welche Aufgabe! Aber dann wurde er größer und größer! Welche Berufung! Und der Engel des Friedens machte sich auf den Weg und begann zu wirken. Angefochten und immer neu verwundet tut er seither seinen Dienst. Er sorgt dafür, dass die Sehnsucht nach Frieden nie mehr aus unseren Herzen verschwindet, und treibt uns an, ihn da zu verwirklichen, wo wir leben. Wer sich diesem Engel öffnet, der kann manchmal von ganz fern her einen Gesang hören, der ihn dazu ermutigt.

– So sind auch wir losgeschickt, zu Engeln des Friedens zu werden – wenn auch ohne Flügel. Wenn uns das Kind in der Krippe mit ausgebreiteten Armen so annimmt, wie wir sind, dann können wir einen neuen Versuch starten, auch Unmögliches zu wagen mit dem göttlichen Kind im Rücken! –

(Stark verkürzt und verändert nach Werner Reiser, Vom Engel, der nicht mitsingen wollte)

Wovon lebt der Mensch?

11

Ein Außenstehender kann sich kaum ausmalen, was sich in vielen Schulklassen an Disziplinlosigkeit abspielt – gleich, in welcher Klasse oder welchem System oder Fach. Es hat sich immer noch nicht überall herumgesprochen, dass wir uns alle wegen der Wirtschaftslage mehr nach der Decke strecken müssen. Dazu gehört auch, im Lerneifer zuzulegen. Wenn manche Eltern mit Tarnkappe in der letzten Reihe säßen, könnten sie sich über das Verhalten vieler Kinder oft nur wundern; vielleicht sogar über das der eigenen. Die Schüler – häufig sind es Schülerinnen –, die lernen möchten, haben das Kämpfen nicht gelernt, ziehen die Schultern ein oder freuen sich über die Abwechslung. Bei dem großen Lehrermangel und all den Stundenausfällen bleibt festzustellen: Wenn die zur Verfügung stehende Zeit besser genutzt werden könnte, ja dann ... Von solch einer Schulklasse möchte ich erzählen.

Es war die letzte Stunde vor den Weihnachtsferien. Der Klassenlehrer hatte die Kerzen am Adventskranz angezündet und las eine Weihnachtsgeschichte von Leo Tolstoi vor. Sie erzählte von einem Engel, der auf die Erde verbannt wurde ...

»Es gibt keine Engel!« Der Satz kam aus der letzten Reihe. Alle drehten sich zu Hanno um.

»Warum sagst du das?«, fragte der Klassenlehrer.

»Weil es keine Engel gibt!«

Der Lehrer entgegnete: »Ich will mich deswegen nicht mit dir streiten, aber vielleicht darf ich jetzt weiterlesen. Du bist herzlich eingeladen, dich nachher mit mir darüber zu unterhalten.«

»Ich mag keine Geschichten, die nicht wahr sind!«

Hanno war für den Lehrer kein unbeschriebenes Blatt. Die meisten seiner Kollegen ließen kein gutes Haar an dem Jungen; meinten, er gehöre nicht auf diese Schule. Ach ja, seine Versetzung war schon wieder gefährdet.

Der Lehrer blickte Hanno an: »Ich glaube nicht, dass der Engel dich stört. Was bedrückt dich?« Er wollte unbedingt die Geschichte weiterlesen, weil der ungehorsame Engel lernt, dass der Mensch von der Liebe lebt. Aber Hanno stand auf, nahm seine Schultasche, schob den Stuhl geräuschvoll unter den Tisch und verließ unerlaubt den Raum. Einige Schüler waren sprachlos, dann aufgebracht.

Der Lehrer klappte das Buch zu. Es hatte keinen Sinn mehr, in dieser Atmosphäre die Geschichte zu Ende zu lesen. Er schickte die Klasse mit »Frohe Weihnachten!« in die Ferien.

Lehrkräfte wissen, wenn sie einen Schüler nicht mehr verstehen, bringt ein Hausbesuch eine Menge Erleuchtung. Er rief den Vater an und machte einen Termin aus.

Herr Krüger bot dem Gast einen Stuhl an und setzte sich wieder hinter seinen Schreibtisch mit den Worten: »Da rackert man sich von früh bis spät für die Familie ab und dieser Bengel macht einem nichts als Scherereien. So wie es aussieht, muss ich ihn im Sommer von der Schule nehmen.«

Der Lehrer schaute Herrn Krüger an und fragte: »Lieben Sie Ihren Sohn? Oder: Was muss Hanno tun, damit Sie ihm Ihre Liebe zeigen?«

Herr Krüger wurde ärgerlich: »Ich verstehe nicht, was Sie von mir wollen. Soll ich ihn jetzt auch noch loben?«

Der Lehrer fuhr fort: »Heute las ich den Schülern die Geschichte vor ›Wovon lebt der Mensch?‹ Darin kommt ein Engel vor, der lernen soll, dass wir Menschen von der Liebe leben. Alle hörten aufmerksam zu, nur Hanno sagte plötzlich: ›Es gibt keine Engel‹.«

Herr Krüger schaute belustigt und sagte: »Hab auch noch keinen gesehen.«

»Jedenfalls verließ Ihr Sohn die Klasse mit den Worten ›Ich mag keine Geschichten, die nicht wahr sind‹.«

»Unverschämt«, sagte Herr Krüger, »ich halte zwar nicht viel von solchen Geschichten, aber ...«

»Vielleicht wollte Hanno damit sagen: Ich spüre keinen Schutz. Keine Hand, die mich hält. Es gibt keine Liebe!«

Herr Krüger schwieg – so endet diese aufgezeichnete Begebenheit: »Er wandte den Kopf und blickte zum Fenster hinaus ...«

(Verkürzt nach Horst Glameyer, Es gibt keine Engel)

Sie haben sicher bemerkt, dass von einer Mutter nirgendwo die Rede war. Wussten Sie, dass in Deutschland mehr als zwei Millionen Kinder nur mit der Mutter oder nur mit dem Vater zusammenleben? Aber es ist jetzt nicht der Ort, diesen Fragen nachzugehen.

Vielmehr: Glauben Sie an Engel? Wann haben Sie zum letzten Mal unseren speziellen Engel, den Schutzengel, gespürt? Engel sind die verlängerten Arme Gottes! Das heißt, wir stehen in und unter der Liebe Gottes, die uns ganz umschließen will. Weihnachten ist eine Chance, sich wieder einmal bewusster in diesen Schutz und Segen Gottes einzuhüllen. Denn der unsichtbare Gott machte seine Liebe in diesem Kind in der Krippe sichtbar. Und schauen wir genau hin, in welch einladender Haltung es daliegt (= mit ausgebreiteten Armen, die uns umschließen wollen)!

12 Zwiegespräch mit dem Kind in der Krippe

Vorbereiten: Das Jesuskind als Krippenfigur.

(P. nimmt das Kind aus der Krippe, hält es vor sich, schaut es an und beginnt:) Du, Kind in der Krippe, hörst du mal zu? In diesem Jahr wissen wir nicht, wo wir dich hinstellen sollen. Auf der Anrichte liegen Geschenke; die Regale sind vollgestellt, und außerdem haben wir eine so große, dichte Tanne, dass darunter kein Platz mehr bleibt. Es wird in diesem Jahr also ohne dich gehen müssen, Kind in der Krippe. Aber das passt doch gut zu dem, was vor rund zweitausend Jahren geschah: Du kamst auf die Erde, und es war kein Platz in der Herberge für dich da! Allerdings mit dem Unterschied: Damals wussten sie nicht, wer du bist.

Böse sind wir dir übrigens auch: Wir haben um Wichtiges gebetet, aber du hast uns nicht erhört. Wir kennen herzensgute Menschen, die du mit schlimmen Krankheiten abgestraft hast. Wo bleibt die Gerechtigkeit? Ist *doch* alles Zufall? Gibt es dich überhaupt, oder ist alles eine fromme Fata Morgana?

Es fehlt uns auch die Weihnachtsstimmung. Wo soll sie auch herkommen? Wir essen doch alle Tage, als wäre es Feiertag.

Wir beschenken uns das ganze Jahr über und haben schon alles, was wir haben wollen.

Auch mit der Freude hapert es! »Ich verkünde euch eine große Freude!«, rief der Engel den Hirten zu. Und sie machten sich auf den Weg und suchten dich. Ehrlich, liebes Kind in der Krippe: Wir suchen dich nicht. Bei manchen störst du nur. Und mit ungeplanten, kostspieligen Kindern, die unseren Wohlstand mindern, haben wir heutzutage nicht viel im Sinn.

Wenn ich so an dich denke, Kind, müssten wir dich eigentlich betrachten, über dich nachdenken. Aber bitte: in diesem Trubel der Weihnachtstage? Natürlich, du hast Recht: Für das, was einem wichtig ist, nimmt man sich Zeit. Nächstes Jahr, dann nehmen wir es uns ernstlich vor! Aber das Nachdenken könnte ja auch Folgen haben. Wer fürchtet nicht Veränderungen?

Wenn du ehrlich bist, dein »Friede auf Erden!« ist doch wirklichkeitsfremd angesichts der Weltlage. Weißt du überhaupt, was sich in unseren Familien abspielt? Vielleicht schon mal ein Waffenstillstand, um die Gefühle nicht zu sehr zu verletzen, aber dann …? Verstehst du, warum es bequemer ist, deine Krippe nicht anzuschauen?:

Du hast freiwillig auf alles verzichtet. Das fällt uns verdammt schwer.

Du bist von Menschen verachtet worden. Das ertragen wir nicht.

Du wirst mittlerweile von vielen wie Luft behandelt. Dir nachfolgen? Das wäre doch unerträglich.

Was bleibt, Kind in der Krippe, und das bohrt in mir: Du hast uns mehr geliebt als dein Leben. Nach so einer Liebe sehnen wir uns doch – mehr als nach Geld und Erfolg. Wie könnte ich das vergessen, dass mich einer so liebt, wie ich bin; dass einer mein Herz mit Liebe erfüllen will! Denn das ist doch mein Problem, an dem ich leide: dass ich nicht mehr richtig lieben kann; dass es manchmal Winter in mir ist.

Ach, Kind in der Krippe, komm doch! Lass es in mir heller werden!

(Geändert und verkürzt nach Irmela Hofmann)

13 Vom Engel, der am Weihnachtsabend weinte

An diesem Heiligen Abend darf ich Ihnen eine Geschichte erzählen. Sie ist tiefsinnig genug, damit jeder von uns die Botschaft des Kindes in der Krippe für hier und heute vernehmen kann. Das aber herauszufinden, überlasse ich Ihnen.

Als Jesus in Bethlehem geboren wurde, so erzählt die Geschichte, machten sich alle Engel des Himmels auf, das Kind in der Krippe anzubeten. Nur ein Engel beeilte sich nicht. Ihm war nicht so recht danach zumute – wie auch nicht jeder von uns hier hochgemuten Herzens hergekommen ist. Als dieser Engel nun am »Palast der tiefsten Geheimnisse« vorbeikam, spürte er einen Sog, der ihn anzog – vielleicht war es auch ein wenig Neugierde, obwohl Engel ja darüber stehen sollen. Und er sah, dass der Eingang nicht bewacht war; warum auch, wo doch jetzt das größte Geheimnis der Weltgeschichte im Stall auf Erden sichtbar werden sollte?!

Er trat in die spiralförmig angelegten Gänge und sah Urbilder der Schöpfung und der Geheimnisse des Lebens. Aber sie standen nicht erstarrt, sondern fluteten unaufhörlich ineinander. Mit Tönen und Farben strömten sie alle Lust und Leben und Hoffnung aus. Schließlich kam er zur Herzkammer und hier flossen nur noch drei Bilder ineinander: Die Geburt eines Kindes, der Tod eines Mannes, der die Züge des Kindes trug, und die Gestalt der Liebe, die mit zwei Armen beide Bilder umschloss. Aber sofort sah er drei neue Bilder entstehen: Er sah den Tod des Kindes, die Neugeburt des toten Mannes und das schreckliche Gesicht der Liebe. Da schrie er entsetzt auf und taumelte durch die Gänge zurück. Jetzt fluteten ihm von allen Bildern nur Schrecken und Tod entgegen: Die Natur starb, Gemeinschaften zerbrachen und Hoffnungslosigkeit lähmte alles. *(Hier können Sie all die Schreckensbilder der Katastrophen, die uns in den letzten Wochen erreichten, einfügen!)*

Als er draußen wieder einen klaren Kopf bekam, konnte er sich das Bild der Liebe nicht mehr vorstellen. Und dann durchfuhr es ihn: Ich muss das Kind warnen, es beschützen!

In Windeseile näherte er sich dem Stall. Es war nicht leicht, die jubelnden Scharen der Engel zu durchbrechen. Schließlich stand er vor der Krippe. Ja, da lag das Kind, das er schon geschaut hatte. Und dahinter stand lächelnd die Liebe. Aber im nächsten Augenblick sah er den vor Schmerz schreienden, sterbenden Mann. »Ich komme zu spät«, meinte der Engel und abgrundtiefe Traurigkeit befiel ihn.

Ein Engel stieß ihn an: »Warum weinst du? Schau doch auf das Kind in der Krippe!«

»Ich sehe kein Kind, ich schaue einen toten Mann im Sarg!«
Verständnislos schaute der Engel ihn an. »Du verdirbst uns die Freude! Gib deinen Platz an der Krippe frei!« Und sie drängten ihn langsam zur Seite, bis er ganz in einer Ecke des Stalles stand.

Endlich nahte sich ihm ein hoher Engel: »Wie kannst du weinen? Das ist doch die schönste Stunde aller Ewigkeiten und Zeiten!«

»Und ich habe die schrecklichste Stunde aller Zeiten gesehen!«, entgegnete der Engel. »Dann warst du im ›Palast der tiefsten Geheimnisse‹. Das ist nur Auserwählten erlaubt. Jetzt weißt du mehr, jetzt leidest du aber auch mehr. Je größer das Wissen, desto stärker der Schmerz!«

»Werde ich jetzt bestraft?«, fragte traurig der Engel.

»Du weißt doch, dass der Himmel nicht straft. Aber du bekommst neue Aufgaben. Noch in dieser Nacht und für diese eine Nacht suche das Elend der Menschen und stärke sie aus der Kraft des neugeborenen Kindes und der Neugeburt des toten Mannes. Geh, ich sende dich!«

Der Engel wunderte sich, wie schnell das Elend der Menschen über ihm zusammenschlug. Und er zog das Gift aus ihren Köpfen und Leibern, und er versuchte das Knäuel der Missverständnisse und des Hasses, das die Menschen durcheinanderbringt, zu entwirren. Er merkte nicht, wie er über all den Berührungen grau wurde und allen Glanz verlor. Schließlich war er ganz dunkel geworden.

So kehrte er im Morgengrauen zum Kind in der Krippe zurück. Es war ruhig geworden im Stall; die Engel hatten sich zurückgezogen, Maria und Josef schliefen. Nur das Kind schaute mit großen Augen dem Engel entgegen. Der kniete sich nieder und erzählte dem Kind von der Liebe, die mehr ist als Wissen und größer als das Leben und die Zahl der Jahre, die wir leben dürfen, und die stärker ist als der Tod. Und das Kind hörte ihm zu.

Seither darf jeder, so endet die Geschichte, darf jeder wissen, der am Weihnachtsabend von einem dunklen oder traurigen Engel gestreift wird, dass er ihn mit dem Elend der Welt und dem Kind in der Krippe verbindet.

(Stark verkürzt nach Werner Reiser, aus »Der Geburtstag von Adam und Eva. Neue Legenden und Parabeln«, Basel 1978)

Das Tragetuch ist leer?

Herr Schlösser von der N.-Straße *(eine ortsbekannte Straße nennen)* ging ins Wohnzimmer, um die Kerzen am Baum zu entzünden. Da erschrak er: Neben dem Baum stand ein fremdes Kind. »Wo kommst du denn her?«, entfuhr es ihm unwillkürlich. Aber das Kind wich nur scheu und ängstlich einen Schritt zurück.

»Frau, komm mal her! Und ihr bleibt noch draußen!«, herrschte er seine Kinder an. »Ich rufe die Polizei an. Da ist ja wohl was nicht in Ordnung!«

Als er endlich Verbindung bekam, sagte die Stimme: »Das scheint in jedem Haus so zu sein. Wo sollen wir Tausende fremder Kinder hinstecken? Sie müssen schon selbst damit fertig werden!«

Als Herr Schlösser ins festlich geschmückte Zimmer zurückkehrte, hatten die Kinder mit dem »unbekannten Wesen« schon Freundschaft geschlossen. Beim Beschenken wusste jeder, ich muss mich entscheiden, welches Geschenk ich an das Kind abgebe; es soll gar nicht merken, dass gar nichts vorgesehen war. Kurz, es wurde ein herrlicher Abend. Selbst an den Fernsehapparat dachte niemand. Es fand sich später auch schnell eine Stelle, wo das Kind schlafen konnte. Es ging alles erstaunlich leicht …

Am nächsten Morgen die neue Überraschung: Das Kind war verschwunden. In jedem Haus. Manche atmeten auf. Viele waren traurig, besonders die Kinder. Vielleicht steht auf ihrem Wunschzettel für nächstes Jahr: Das Kind soll wiederkommen!

Was könnte Gott tun, um uns in diesem reichen Land noch zur Besinnung zu bringen? Würde er ein Erdbeben zulassen, eine neue Sintflut, eine Inflation? Nein, er würde uns (wieder) ein Kind schicken. Ein Kind mit leeren Händen, damit es uns in seiner Ohnmacht herausfordert. Ich erlebe so oft, wie sehr verkrustete Herzen junger Leute aufbrechen, wenn sie sich für ein Kind entscheiden: Die Zeit muss neu eingeteilt werden; der Schlaf wird gestört; Wichtiges wird plötzlich in die Ecke gestellt um des Kindes willen. Da gehen Türen wieder auf, auch die zu den Großeltern. Sie waren vielleicht mehr oder weniger laut zugefallen. Ein Kind hat eine unwiderstehliche Macht. Gott würde wieder ein Kind schicken – auch um die Mutlosigkeit und Gleichgültigkeit unserer Herzen angesichts des Elends in der Welt aufzubrechen. Von uns Christen gehen immer weniger Impulse in unsere Umwelt und Gesellschaft aus. Wir stehen in der Gefahr, aus dem Weihnachtsfest das zu machen, was die Frau mit dem Kind im Tragetuch erlebte. Diese Geschichte wird in Afrika erzählt:

Eine Frau packt ihr Kind ins Tragetuch und geht zum Fluss, um Wäsche zu waschen. Sie setzt ihr Kind ins Gras, bearbeitet am Fluss jedes Wäschestück mit Steinen und achtet nicht darauf, dass ihr Kind zum Fluss krabbelt. Plötzlich ein Schrei! Das Kind ist ins Wasser gefallen und wird von der Strömung fortgetragen. Aber sie kann nicht schwimmen und keine Hilfe ist in der Nähe. Schließlich nimmt sie das Tragetuch, geht traurig nach Hause und sagt zu ihrem Mann: »Unser Kind ist vom Fluss fortgetragen worden, aber du musst nicht weinen, wir haben ja noch das Tragetuch!«

Wenn wir nicht aufpassen, bleibt für uns Christen die Krippe leer, weil wir schon bei der Herbergssuche so vieler Notleidender versagen. Wie viele klopfen an unsere Tür! Bei einem verhungernden Kind, das uns auf die Türschwelle gelegt wird, würden wir alle Hebel in Bewegung setzen. Aber vor dem ein paar Flugstunden entfernten Elend verschließen wir unsere Hilfsbereitschaft? Wir haben ja noch den brennenden Lichterbaum und die kostbare alte Barockkrippe. Aber das Tragetuch ist leer! – Oder?

Der Retter der Welt kam als Kind

Vorbemerkung: Der oder die Prediger/in kann eine Babypuppe im Arm halten.

Warum kam Gottes Sohn als Kind in die Welt? Er hätte doch auch als erwachsener Mann aus der Stille einer Kleinstadt in die Öffentlichkeit treten können – wie die Propheten oder ein Buddha, Mohammed oder Gandhi –, um am Ende sein Glaubenszeugnis mit dem Tod zu besiegeln!

Eine Antwort heißt: Im Kind kann Gott öfter an die Türen unseres Herzens pochen.

Heutzutage verläuft normalerweise die Entfremdung von der Kirche und oft vom Christentum doch so: Ein Jugendlicher/eine Jugendliche sagt im Alter um fünfzehn Jahre: »Mit *dem* Haufen hier nicht mehr ...« und kehrt damit auf viele Jahre der Kirche und ihren Angeboten den Rücken. Das muss nichts über seine/ihre Christlichkeit oder gar seinen/ihren Glauben aussagen. Umgekehrt steht aber auch fest: Ein Glaube ohne Gemeinschaft verkümmert, verdunstet langsam. Natürlich darf ich von der Gemeinschaft, in die ich hineingetauft bin, nicht nur das »gemein« zu spüren bekommen. Aber glauben kann in der Regel niemand auf Dauer ganz allein.

Eine neue Chance, dass sich die Herzenstüren wieder öffnen, tut sich erst auf, wenn er/sie einen Partner bzw. eine Partnerin kennenlernt, der/die sich für Kirche und Gottesdienst engagiert. Die Liebe macht dann alles möglich.

Die nächste Chance kann wieder Jahre auf sich warten lassen: Die Geburt eines Kindes! Schon der Geburtsvorgang wirft manche

Männer um. Selbst die »coolsten« werden bis ins Innerste angerührt und spüren das Geschenk des Himmels, wenn das »Würmchen« zum ersten Mal hilflos in ihren Händen liegt.

Seelsorgerinnen haben mir erzählt: Wenn sie auf der entsprechenden Station im Krankenhaus einen Segnungsgottesdienst für die neugeborenen Kinder anbieten, dann kommen alle, auch Nichtkatholiken, ja Frauen aus anderen Weltreligionen, um ihr Kind unter den Segen Gottes zu stellen. Sie alle empfinden: Es braucht einen noch größeren Schutz als ich selbst ihm geben kann. Die meisten Eltern bei uns lassen ihr Kind ja auch noch taufen, um es an die Hand Jesu und in den Schutz der Kirche zu geben.

Eine weitere Chance tut sich auf, wenn das Kind ungefähr drei Jahre alt ist und aus seinem Mund so viel Prophetisches kommt, was Eltern zum Nachdenken und Staunen bewegt. Sie merken, das Kind braucht mehr als eine gute Ausbildung; es braucht noch den inneren Halt, um bei der Gratwanderung des Lebens das Gleichgewicht zu halten. Welch ein Segen, wenn es Pfarreien gibt, die Kindergärten nicht nur verwalten, sondern christlich begleiten und zum Beispiel Kleinkindergottesdienste anbieten. Wie oft drücken sich dann Eltern nach jahrelanger Abstinenz von der Kirche hinter ihrem Kind wieder in die vorderen Reihen – weil es keine echte Alternative zum christlichen Glauben gibt.

Die häufig letzte greifbare Chance, dass Gott an die Türen unserer Herzen pocht, ist die Erstkommunion des Kindes. Wer sein Kind und andere Kinder selbst vorbereitet und seinen Glauben in Wort und Tat formulieren muss, spürt, dass eine ehrliche Entscheidung eingefordert ist. Oft findet die Bekehrung erst beim zweiten oder dritten Kind statt. Ich wiederhole: Warum kam Gottes Sohn als Kind in die Welt? *Eine* Antwort heißt: Weil er im Kind öfter an die Türen unserer Herzen pochen kann! Das möchte ich in einer Begebenheit zum Schluss noch veranschaulichen:

Der Küster kam kurz vor Beginn des Gottesdienstes in die Sakristei und meinte aufgeregt zum Pfarrer: »Dieser Meier ist wieder da. Hinten an der Säule steht er. Dieser unbelehrbare Gottesleugner und Kirchenhasser. Seit zwanzig Jahren haben wir ihn nicht mehr gesehen, und wie oft hat er Ihnen das Leben schwer gemacht. Wer weiß, was er im Schilde führt.«

»Ich kann es kaum glauben«, entgegnete der Pfarrer, »aber Sie wissen ja: Beim ›Der Herr sei mit euch!‹ weiß ich, wer da ist oder fehlt!« (Übrigens, Ähnlichkeiten mit lebenden Personen sind rein zufällig. Aber es ist eine wahre Begebenheit!)

Tatsächlich, hinten an der Säule stand er. Und nach dem Gottesdienst hatte der Küster eine weitere Neuigkeit: »Als ich beim Kollektieren näher kam, sah ich, dass vor ihm ein illustriertes Wochenblatt lag. Ich wollte schon mahnen: ›Stecken Sie in der Kirche bitte die Zeitung weg‹, da bemerkte ich, dass der Meier irgendwie gebrochen auf seinem Platz hockte und mit den Tränen kämpfte. Irgendetwas ist da passiert!«

»Gut, ich werde mit ihm sprechen«, antwortete der Pfarrer.

Bei dem Besuch schob Herr Meier dem Pfarrer das erwähnte Wochenblatt hin mit den Worten: »Hier, mein Enkelkind, mein Liebling«, und zeigte auf ein Foto. Darunter stand: »Bei einer Umfrage ›Was Kinder sich vom Christkind wünschen‹, hatte die Fünfjährige dem Reporter geantwortet: ›Einen anderen Großvater. Meiner ist so stur. Ich habe ihn schon so oft gebeten, mal mit mir in die Kirche zu gehen, aber er will einfach nicht!‹«

»Aber Sie hatten Ihre Enkelin doch gar nicht mit«, bemerkte der Pfarrer. »Noch nicht, es war sozusagen die Generalprobe, damit ich mich vor dem Kind nicht blamiere.« Und dann, als er wieder mit den Tränen zu kämpfen hatte: »Ich hätte nicht gedacht, dass ein Kind so eine Macht hat!«

»Ja«, antwortete der Pfarrer, »das Kind hat solche Macht!« Und Herr Meier merkte, dass er das Kind in der Krippe meinte.

(Nach Rudolf Hempel, Ein Kind bringt es fertig)

Ein Kind kann das Eis zerbrechen 16

Manche Männer tun sich schwer, sich mit ihren Gefühlen und ihrem Innenleben zu beschäftigen. Sie verlagern ihre Energie auf den Beruf. Doch je weniger sie versuchen, sich selbst zu erkennen, desto mehr Angst bekommen sie, an das Unbekannte in sich zu rühren. Und wenn Heranwachsende oder die Ehefrau ihnen einen Spiegel vor die Augen halten, reagieren sie oft ungehalten und verärgert.

Sicher gibt es auch Frauen, die aus Enttäuschung ihre Seele verhärten oder, um Karriere zu machen, alles andere zur Seite schieben. In der Regel aber sind es Männer, die innerlich an Beziehungslosigkeit vereisen.

Von so einem Mann aus der »hölzernen Rasse«, die ihre stumme Liebe und Tatkraft in einen Hausbau stecken – ich will ja die Liebe nicht übersehen, die von ihnen ausgeht –, von so einem Mann berichtet auch eine Weihnachtslegende:

Da war ein Hirte, der zu sich selbst nie barmherzig gewesen war. Er sah einen Mann kommen, der mitten in der Nacht von Haus zu Haus ging und um Feuer bat. Aber alle schliefen und niemand antwortete ihm.

Als der Mann näher kam, erwachten seine drei Schäferhunde und stürzten sich auf den Fremden. Jener rief sie nicht zurück – so vereist war sein Herz –, bemerkte aber erstaunt, dass ihnen die Kinnladen und scharfen Zähne nicht gehorchten; denn der Mann zeigte keine Wirkung, obwohl ein Hund nach seinem Bein schnappte, der zweite nach seiner Hand und der dritte sich sogar an seine Kehle hängte.

Nun war der Mann ganz nahe gekommen und sagte zu ihm: »Guter Freund, hilf mir und leih mir ein wenig Feuer. Meine Frau hat eben ein Kindchen geboren, und ich muss Feuer machen, um sie und den Kleinen zu wärmen.«

Da erwachte in dem Hirten wieder der alte Hass auf alles, was Mensch heißt, und weil er wusste, dass weit und breit kein Eimer oder eine Schaufel waren, worin die glühenden Kohlen hätten getragen werden können, deutete er aufs Feuer und sagte: »Nimm, so viel du brauchst!« Und er freute sich insgeheim, dass der Mann kein Feuer wegtragen konnte. Der aber beugte sich hinunter, holte die Kohlen mit bloßen Händen aus der Asche und legte sie in seinen Mantel. Und die Kohlen versengten weder seine Hände, noch brannten sie sich durch seinen Mantel. Der Mann trug das Feuer fort, als wenn es Nüsse oder Äpfel gewesen wären.

Als der mürrische Hirt das sah, wunderte er sich zutiefst: Was ist das für eine Nacht, in der die Hunde den Mann nicht beißen und das Feuer brennt, aber nicht verbrennt? Er rief den Fremden zurück und fragte: »Was ist das für eine Nacht, in der alles Barmherzigkeit zeigt?« Da gab der Mann zur Antwort: »Mit Worten kann ich das nicht sagen, du musst es selber wahrnehmen!« Und er ging seiner Wege.

Der Hirte aber wollte den seltsamen Mann nicht aus den Augen verlieren. Er musste erfahren, was das alles bedeutet. So stand er auf und ging ihm nach, bis er dorthin kam, wo der Fremde daheim war.

Da sah der Hirt, dass der Mann nicht einmal eine Hütte hatte, um darin zu wohnen. Er hatte seine Frau mit dem Kind in einer Berggrotte liegen, wo es nichts anderes gab als nackte, kalte Steinwände. Hier konnte das arme unschuldige Kind vielleicht erfrieren.

Da wurde der harte Mann mit dem Eis im Herzen ergriffen, als er das Kind sah. Er löste seinen Ranzen von der Schulter und nahm ein weiches, leichtes weißes Schaffell heraus. Das gab er dem fremden Mann und sagte, er möge das Kind darunter betten. In dem Augenblick traten Tränen in seine Augen. Er war selbst überrascht, dass er barmherzig sein konnte. Und plötzlich erwachte seine Seele; er konnte fühlen und ganz anders hören und sehen. Und er fiel auf die Knie – vor diesem Kind.

(Frei nach der Legende »Die Heilige Nacht« von Selma Lagerlöf)

Wer sich wiedererkannt hat in dieser Geschichte und das Eis in seinem Herzen spürt, der darf sich fragen: Was hindert mich, Barmherzigkeit zu zeigen und damit die Steine in meinem Herzen wegzuräumen? Die Heilige Nacht ist jedes Jahr eine einmalige Chance, das Kind aus der Krippe ins eigene Herz zu legen, damit sich Wärme und Licht ausbreiten können.
In jedem Kind, das uns begegnet, verlängert sich die Chance ins ganze Jahr hinein. Denn jedes Kind ist ein Angriff Gottes auf unsere Lieblosigkeit.
Das Kind in der Krippe: ein Geschenk des Himmels, um unsere vereisten Seelen zu retten.

17 Ein Kind – Geschenk des Himmels

Es ist gut, dass seit geraumer Zeit Väter bei der Geburt des Kindes dabei sein dürfen. Hin und wieder fällt schon mal einer in Ohnmacht, aber die meisten schätzen es als Sternstunde ihres Lebens, dieses hilflose Wunder dann in Händen halten zu dürfen. Manche sind dann bis in die Seele gerührt. Viele empfinden auch, dass ein solches Kind nicht nur Werk der Mutter und des Vaters ist, sondern noch eine andere Hand zu spüren ist, die ihnen ein *Geschenk* überreicht, kein Eigentum. Ein tiefes Gefühl der Dankbarkeit bewegt sie vor allem, wenn dieses unschuldige Etwas gesund ist.

Das geborene Kind – ein Wunder und ein Geschenk des Himmels, das ist wohl die allgemeine Sicht rund um den Erdball. Umso mehr erschüttert uns, wenn wir von Kriegen hören, in denen kein Halt gemacht wird vor Mord an schwangeren Frauen oder Säuglingen, wenn sie nicht als »heilig« gelten. Da fragt man sich: Wie groß müssen Verzweiflung, Ungerechtigkeit und Fundamentalismus sein, wenn Menschen zu solchen Taten fähig sind?

Dazu möchte ich eine Begebenheit aus dem Zweiten Weltkrieg erzählen, die beweist, wie mitten im Krieg ein Kind für die Fronten heilig war. Ich greife auch deshalb eine Geschichte von damals auf, damit die unter 65-Jährigen überhaupt erahnen können, wie es auch bei uns einmal zuging.

Es geschah in einem Dorf im Niemandsland während des Krieges zwischen Russen und Deutschen. Auf beiden Seiten bewachten die Scherenfernrohre jede Bewegung. Aber an einem Morgen hing der Himmel bis auf die Erde und ließ nur wenige Meter Sicht zu. Ein deutscher Soldat steckte die Pistole in seinen Stiefelschaft und kroch aus der Erde. »Bring Zwiebeln und Decken mit!«, rief einer. Der Soldat hielt sich nach rechts, wo er den zerschossenen Kirchturm vermutete. Er durchsuchte auf seinem Weg halb zerstörte Stuben und Keller. Aber nur welke Kartoffeln und zwei Fetzen eines Teppichs waren seine Beute.

Dann hatte er die Außenmauer der Kirche erreicht. Wo er seine Stirn gegen die Steine drücken wollte, um für ein Ende dieses verdammten Krieges zu beten, sah er ein Loch in der Wand. Er ging ins Innere, aber nur über dem Altar hing noch ein Stück Gewölbe. Hier warf er sich zu Boden. Den kleinen Rest einer Wachskerze, den er dabei sah, steckte er ein. Links führte eine Treppe unter den Altar. Im Halbdunkel entdeckte er unten eine Tür. Er stieß sie auf und riss blitzschnell die Pistole aus dem Stiefelschaft. Vor ihm ein Russe. Aber der hatte ebenso schnell seine rechte Hand hoch gebracht, legte den Zeigefinger an die Lippen und wies auf einen der Steinsärge. Ein Kind lag dort – tief und fest schlafend. Sie konnten die kleinen Atemzüge hören.

Beide standen lange so, beide, die Menschen getötet hatten und jetzt mit offenem Mund atmeten, um ganz still zu sein. Ihre Augen trafen sich, sahen auf die Pistole und auf die Maschinenpistole, die von der Schulter des Russen pendelte. Der Deutsche steckte die Pistole weg, der andere schob die Waffe auf den Rücken. Sie schauten in den steinernen Trog. Jetzt hatten sie ihre Hände frei und weil sie sie beide auf den steinernen Rand stützten, geschah es, dass sie sich einmal berührten. Der Deutsche zündete den Kerzenrest an und stellte ihn auf den Rand.

Dann kam die Frau. Sie zeigte keine Angst, nahm das Kind in Decken und Lumpen hoch und bettete es in ihre Arme. Sie drehte ihnen den Rücken zu. Aber es lag keine Feindseligkeit darin.

Die beiden Soldaten legten nieder, was sie hatten: die welken Kartoffeln und die Teppichfetzen der Deutsche; ein Stück Brot, eine Zwiebel und sein Feuerzeug der Russe. Dann gingen beide zur Tür und tauchten draußen im weißen Nebel unter.

(Stark verkürzt nach einer Geschichte von Helmut Harms, Das Kind im steinernen Trog)

Das Kind, ein Wunder; ein Geschenk des Himmels, das verfeindete Parteien zusammenbringen kann.
Mit einem Kind kann ein neuer Kreislauf beginnen. Nicht so sehr, wenn wir das Kind an die Hand nehmen, sondern wenn wir uns von dem Kind an die Hand nehmen lassen. Besonders von diesem hier in der Krippe.

Von der Kraft der Hingabe

Vor dem Wort »Opfer« zucken wir nicht nur an Weihnachten zurück. Vielleicht ist auch das Wort »Hingabe« besser. Jeder aber in einer Ehe oder Lebensgemeinschaft weiß, dass ein Miteinander ohne Opfer und Verzicht nicht möglich ist. Ich bewundere die jungen Paare, die sich für ein Kind oder mehrere entscheiden. Wie viele Opfer werden ihnen abverlangt!

Da wirft das Baby plötzlich den ganzen Tagesablauf durcheinander. Morgens meldet es sich zum Beispiel schon zu einer Zeit, zu der sich früher jeder noch einmal im Bett herumdrehen konnte. Allerdings ist es auch wichtig, einem Kind später manchmal kleine Opfer abzuverlangen, damit es Rücksicht lernen und auch seine Grenzen erfahren kann, wenn sein Leben gelingen soll.

Der Blick auf die Krippe sieht nur Personen mit Hingabe: Maria brachte das Opfer eines Ja auf eine unbekannte Zukunft hin. Josef wurde von diesem Ja angesteckt, wenn er auch erst den Rippenstoß eines Engels dazu brauchte. Und dann das Kind Jesus: eine Hingabe bis zum Opfer am Kreuz. Da verblassen unsere Opfer. Und doch können wir manchmal auch den Hut ziehen vor der beispielhaften Hingabe eines Menschen.

Von einem Arzt möchte ich erzählen. Und von einem Heiligen Abend. Es war noch zu der Zeit, als gegen die Krankheit Diphtherie kaum ein Kraut gewachsen war. Manchmal halfen ein Serum, Einspritzungen oder auch ein Luftröhrenschnitt. Doch das eigene Kind des Arztes war nicht mehr zu retten. Sein Atem wurde schwächer und schwächer. Sie saßen an seinem Bett. Da ging die Klingel – immer wieder und unmissverständlich. Der

Bauer Rivaz stand vor der Tür: »Ohne Sie wird mein Kind die Nacht nicht überleben. Bitte kommen Sie!«

Der Arzt antwortete: »Auch mein Kleiner liegt im Sterben. Ich kann diesen Abend nicht mehr kommen.« Er wusste, zum Bauer Rivaz war es mehr als eine Stunde mit dem Pferdegespann durch den Schnee. Aber der Bauer ließ nicht locker: »So sterben also zwei«, murmelte er, »und in meinem Alter werde ich keine Kinder mehr haben! Für Ihren Jungen können Sie nichts mehr tun, aber noch etwas für meinen!«

Der Arzt stand auf, sein Kind atmete kaum noch. Er gab seiner Frau ein Fläschchen und sagte entschlossen: »Hier, nimm das, es wird ihm das Atmen erleichtern. Mehr können wir nicht tun.«

Seine Frau schaute ihn vorwurfsvoll an: »Und unseren Jean willst du allein lassen? Du liebst dein Kind – und mich – nicht!« Verzweifelt antwortete der Arzt: »Du kannst ihn jetzt so gut pflegen wie ich! Ich muss dort helfen!« Er strich zärtlich über die Wange seines Kindes, dann floh er regelrecht aus dem Zimmer.

Zwei Stunden später packte der Arzt seine Instrumente in der Wohnung des Bauern wieder zusammen. Er wollte sofort wieder nach Hause: »Ich glaube, Ihr Sohn ist gerettet. Morgen werde ich wiederkommen!« Der Bauer brachte ein Geldstück, das er als Geschenk seiner längst verstorbenen Mutter bisher aufbewahrt hatte. »Nein«, wehrte der Arzt ab, »niemand kann mir diesen Gang hierher bezahlen.«

Als er zu Hause ins Zimmer trat, fand er seine Frau über das Bett des toten Kindes gebeugt. »Du warst nicht dabei«, seufzte sie. Als sie ihn aber ansah, war sie erstaunt, wie viel Ruhe, ja Friede, von ihm ausging. Da lehnte sie sich an ihn und ahnte, dass sie bei ihm wieder die Kraft finden würde, dieses Leben erneut zu lieben.

(Nach Henry Bordeaux, Das Opfer)

Nirgendwo in dieser Begebenheit steht, aus welcher Kraft der Arzt letztlich gehandelt hat. Die Opferkraft eines Menschen kann schon unermesslich und unbegreiflich tief sein. Manchmal erleben wir eine Hingabe – über Jahre hinaus –, die uns still werden und staunen lässt.

Eines ist mir aber auch klar, ich weiß es aus vielen Begegnungen und Lebensberichten: Wer sich in seiner Hingabe an dieses Kind in der Krippe anlehnt, der kann sogar Berge versetzen.

19 Die gestörte Weihnachtsmette

Können Sie sich vorstellen, dass ein Pfarrer an Weihnachten wütend ist? Ja, das können Sie – Sie wissen ja selbst, wie schnell in den aufgeregten Vorbereitungen am Heiligabend der Haussegen schief hängen kann. Aber können Sie sich auch vorstellen, dass ein Pfarrer sogar in der Christmette wütend wird? Nein, das können Sie nicht. Auch Sie alle haben ja gute Vorsätze, diesen Heiligen Abend in Harmonie zu erleben. Doch es gab den Fall. In der kleinen evangelischen Gemeinde in Flinsberg war Folgendes passiert:

Matthias, ein Sorgenkind der Pfarrei, war vorzeitig aus dem Jugendgefängnis entlassen worden – wegen guter Führung und auf Bewährung. Einbruchsdiebstahl in Tateinheit mit versuchtem Mord war die Anklage gewesen. Sie hatten ihn zwar nur als Mittäter eingestuft, denn er hatte vermutlich von den wahren Absichten seiner Komplizen keine Ahnung gehabt. Der Pfarrer, und das hatte er auch vor Gericht ausgesagt, traute diesem Jungen keinen Mord zu. Er hatte das guten Gewissens bezeugen können. Das war wohl der Grund, warum Matthias als Entlassener zuerst ins Pfarrhaus kam, um sich zu bedanken.

Der Pfarrer lud ihn zur Christvesper ein. Er dachte schon weiter, nämlich an die Wiedereingliederung in die Gemeinde. Aber Matthias sträubte sich. Zuletzt berief er sich auf seine Eltern: »Sie werden nicht einverstanden sein; sie haben es mir sogar verboten. Sie kommen selber auch nicht, weil sie sich für mich schämen. So ist das nun einmal!«

Der Pfarrer antwortete: »Du spielst jetzt den gehorsamen Sohn im falschen Augenblick. Hast du je nach deinen Eltern gefragt, wenn du den Konfirmandenunterricht geschwänzt hast? Na also! Dann frag jetzt auch nicht und entscheide selbst!«

Matthias kam wirklich. Kurz vor Beginn brachte der Pfarrer die Blätter mit der Predigt auf die Kanzel. Im Halbdunkel des Kirchenraumes erkannte er, dass nur noch wenige Plätze frei waren. An Heiligabend kamen sie ja fast alle, scheuten auch weite Wege nicht, kein Schneegestöber und nicht den härtesten Frost. Dann sah er es: Warum saß Matthias allein in der Bank? Warum quetschten sie sich vor ihm und hinter ihm auf engstem Raum? Er konnte es nicht fassen!

Da öffnete sich die Tür und zwei Nachzügler eilten durch den Gang, sahen sich um und wählten – der Pfarrer atmete auf – die fast leere Bank. Sie verrichteten stehend ein kurzes Gebet und setzten sich neben den mit gesenktem Kopf sitzenden Außenseiter. Doch kaum hatten sie ihn genauer ins Auge gefasst, da erhoben sie sich spontan und drängten in eine andere Reihe, wo man bereitwillig zusammenrückte. Jetzt stand auch Matthias auf und verließ mit schwerfälligem Schritt das ungastliche Haus. Die Kirchentür fiel polternd ins Schloss. Niemand nahm Anstoß daran. Es schien eher, als seien jetzt alle froh, nun ganz unter sich zu sein; sozusagen in der Gemeinschaft der Heiligen. Erwartungsvoll schauten sie auf den Pfarrer, lächelnd, aufmunternd, so nach dem Motto: Nun, du kannst beginnen, es ist an der Zeit.

Der aber war wütend. In Sekundenschnelle dachte er an den zürnenden Jesus, der die Krämerseelen aus dem Tempel getrieben hatte. Dieser Pfarrer jedoch warf keine Tische und Bänke um, zeigte aber auf eine andere Weise seine Wut: Zunächst ging er ans Schaltbrett und ließ alles Licht in größter Helligkeit aufflammen. Vorbei die weihevolle Stimmung des Halbdunkels, von Kerzen stimmungsvoll erhellt. Dann erlosch der große Lichterbaum. Jetzt pustete er die Kerzen aus, zuerst am Altar, dann an der Krippe und nahm aus der Krippe die Figur des Christkindes heraus, um sie in die Tasche seines Talars gleiten zu lassen.

Was meinen Sie, war die Reaktion der Gemeinde? Richtig, das Letzte geschah schon unter erheblicher Unruhe und einige schickten sich bereits zum Gehen an. Aber als dieser Pfarrer dann noch – wir kennen sogar seinen Namen: Pfarrer Reindl – das Kruzifix vorn auf den Rand des Lesepultes stellte und mit lauter Stimme sagte: »Ich habe der Gemeinde Folgendes bekannt zu geben: Vor wenigen Minuten wurde in der Kirche von Flinsberg Jesus Christus zum zweiten Mal gekreuzigt«, da ging alles im Lärm einer protestierenden Gemeinde unter, die dem Ausgang zustrebte. Im Sog der allgemeinen Entrüstung gingen auch die wenigen noch hinaus, die zumindest nachzudenken schienen, ob der Pfarrer nicht doch Recht hatte!

Was würden Sie denn sagen, wenn es während des Krippenspieles immer wieder laut an die Tür gepocht hätte und welche eintreten würden, die sagten: »Hallo, andächtige Gemeinde! In unserem Ortsteil leben 180 Kinder, davon ungefähr die Hälfte mit einer neuen Mutter oder einem neuen Vater. 20 werden in ihren Klassen gemobbt und 30 wegen schlechter Leistungen gehänselt!« Oder der Zwischenruf: »Bei uns leben 190 einsame alte Menschen und 280 Ausländer.« Oder: »14 Kranke unserer Gemeinde liegen über Weihnachten im Krankenhaus.« Wäre dadurch unsere Feier verdorben? Bitte nicht auch noch diese Nachrichten am Heiligen Abend?! Das stört – wir wollen Weihnachten feiern! Was aber feiern wir hier? Eine Idylle? Opium fürs Volk für eine Stunde?

Eine Dichterin unserer Tage sagt:

> Wenn du dich satt gesehen hast
> an dem schönen Kind in der Krippe,
> geh noch nicht fort:
> Mach erst seine Augen zu deinen Augen,
> seine Ohren zu deinen Ohren
> und seinen Mund zu deinem Mund.
> Mach seine Hände zu deinen Händen,
> sein Lächeln zu deinem Lächeln
> und seinen Gruß zu deinem Gruß.
> Wenn du dich satt gesehen hast
> an dem schönen Kind in der Krippe,
> geh noch nicht fort!

Marisa Roos

(Die ausführliche Geschichte dieses Vorfalls in Flinsberg geht noch weiter: Drei langhaarige Jugendliche kommen zum Pfarrer, um sich für die »revolutionäre Tat« zu bedanken. Der Pfarrer trägt ihnen auf, unbedingt Matthias zum Gottesdienst übermorgen mitzubringen. Sie versprechen es. Sie schaffen es auch; allerdings haben sie sich mit Alkohol Mut angetrunken. Es waren nur ca. 30 Gemeindemitglieder gekommen, aber das ist ja in evangelischen Gottesdiensten und zunehmend auch in katholischen keine so große Seltenheit. Der Pfarrer spürte die Woge der Sympathie, die ihm entgegenströmte und predigte sogar frei: von Gnade und Vergebung und von der hilfreich ausgestreckten Hand Gottes, die wir mit lächelndem Verständnis verlängern sollten.)

(Nach Edith Biewend)

20 Der Gott der Reichen

Lange ist es her, da konnte man schon einmal erleben, dass junge aufgebrachte Menschen in die Kirche stürmten, zum Mikro liefen und hineinriefen: »Wie könnt ihr hier selig Weihnachten feiern, während draußen die Ungerechtigkeit zum Himmel schreit? Gebt eurem Kind in der Krippe Arme und Beine, die *jetzt* die Welt verändern, nicht erst in eurem Traumparadies.« So ähnlich klangen die Sätze – und für manche Kirchenbesucher war der Heilige Abend verdorben.

Es ist ruhig geworden in den Kirchen. Die Demonstranten protestieren woanders. Ob sie den Kirchen keine gesellschaftlichen Veränderungen mehr zutrauen? Was würde Jesus sagen, wenn er jetzt in unsere Kirche käme und an dieses Mikro träte?

In vielen christlichen Ländern ist das immer noch anders. Da ist die Armut hautnah zu spüren und mahnend stören die Ärmsten der Armen die allzu traute und abgeschirmte Heilige Nacht der Reichen. Ein Beispiel:

Südamerika. Die schönste Kirche in der Stadt El Sol zeigt Marmorsäulen und riesige bunte Glasfenster. Die Armen gehen nicht in eine solche Kirche der Reichen. Sie betteln auf den Stufen davor. Kinder sind unbekümmerter. Zwei kleine Jungen sind auf Zehenspitzen andächtig hineingeschlichen. Barfuß sind sie und entsetzlich schmutzig und struppig. Auf dem Rücken trägt der eine einen alten Plastiksack mit der Beute des Tages: ein verschimmeltes Brötchen, ein paar vertrocknete Weißbrotscheiben, drei kalte Pellkartoffeln und ein Stückchen Käse, von Mäusen angeknabbert. Der Kirchendiener hat sie erspäht und flüstert: »Macht, dass ihr fortkommt! Geht in *eure* Kirche!«

Der Ältere flüstert zurück: »Aber wir wollen *euren* Gott um etwas bitten! Wir waren schon mal da, als die Kirche leer war, aber da war euer Gott wohl nicht da. Denn bis heute hat er unsere Bitte nicht erfüllt. Jetzt ist er sicher da, allein schon wegen euch, und muss uns hören!«

»Schluss mit dem Gefasel!«, zischt der Kirchendiener und will sie hindern, weiter zum Altar nach vorne zu gehen. Aber sie haben gelernt, an Polizisten vorüberzuhuschen und Dienstmädchen beim Durchwühlen von Mülltonnen zu entkommen.

Sie rennen hin zum Altar. Der Ältere ruft zum Kreuz über dem Altar hinauf: »Lieber Gott der Reichen! Schenk uns reiche Eltern, solche, die in El Sol wohnen. Denn unsere Mutter ist tot. Wir schenken dir dafür alles, was wir hier im Sack haben. Es war ein guter Tag heute und wir haben noch nichts davon gegessen, damit du siehst, wie ernst es uns ist.« Und er schwingt den Sack vom Rücken auf den Altar, der mit einer schneeweißen, gestickten Decke verziert ist, zwischen Liliensträußen und Kerzen.

In diesem Augenblick hat der Kirchendiener die Jungen erreicht, zerrt sie von den Stufen herunter und hält dem Älteren den Mund zu. Er schiebt sie den langen Mittelgang vor sich her bis zum Ausgang. Der Kleine schluchzt noch: »Lieber Gott der Reichen, hilf uns doch!« Er schreit es immer lauter. Kurz vor dem Portal gelingt es dem Älteren, die Hand des Kirchendieners vom Mund zu reißen. Er schreit: »Er ist ja heute wieder nicht da! Pablito, hör auf zu schreien, er ist nicht da!«

Was für eine peinliche Störung! Die Stimmung ist hin. Der Priester am Altar schweigt noch immer. Gott sei Dank, jetzt hat der Kirchendiener die Störenfriede draußen die Kirchenstufen hinuntergescheucht. Er schließt das Portal. Jetzt sind sie wieder unter sich, die Reichen.

Nach dem Gottesdienst beschließen sie, dass künftig ein Wächter am Portal stehen soll. Der soll Bettelkinder nicht hereinlassen. Überhaupt keine Armen.

(Verkürzt nach der Geschichte von Gudrun Pausewang,
Lieber Gott der Reichen)

Er ist da in den Kirchen der Reichen?! Schauen nicht die Völker des Südens nach Norden, da wo die Christen wohnen, wo die reichen Länder sind? Was würde Jesus sagen, wenn er jetzt ans Mikro träte?

Kleine Ursache, große Wirkung

Wie oft haben wir schon in unserem Leben bewusst Weihnachten gefeiert? Zehnmal, fünfzigmal, siebzigmal? Und hat sich dabei einmal in unserem Leben etwas spürbar verändert? Könnten wir also nicht auf dieses Fest verzichten? Oder leiden wir an zu hohen Ansprüchen?

Ich möchte Ihnen von einer kleinen französischen Stadt erzählen und davon, wie sich auch aus einem winzig kleinen Ereignis große Wellenbewegungen ergeben können.

Es war direkt nach dem Zweiten Weltkrieg am Heiligabend morgens in aller Frühe. Deutsche Kriegsgefangene zogen gerade durch die Rue Bonaparte, um in den Steinbrüchen Granitwürfel zu brechen. Die Bevölkerung beachtete sie nicht mehr. Aber sie waren Feinde, weil sie doch mit schuld waren, dass junge Männer nicht mehr oder schwer verletzt in die Heimat zurückkehrten.

Der Junge René, zwölf Jahre alt, verdiente sich vor der Schule ein Taschengeld, indem er mit einem Fahrrad für einen Bäcker Brötchen ausfuhr. Und da passierte es, dass er auf dem Kopfsteinpflaster plötzlich kopfüber vom Rad stürzte und sich überschlug. Dreiundachtzig Brötchen, so rechnete der Bäcker nachher genau aus, kullerten über das harte Pflaster. Und ehe die beiden Wachsoldaten, aber auch René, den Vorgang begriffen, waren die Brötchen schon wie Schnee in der Sonne verschwunden.

René erntete vom Meister trotz zerrissener Hose und blutenden Knien eine schallende Ohrfeige – er hatte noch mehr erwartet. Damit schien die Angelegenheit erledigt.

Nicht aber für die übrigen Bewohner des Städtchens. Was geschehen war, ging wie ein Lauffeuer durch die Straßen. Eine Stunde später kam die junge Lehrerin Nanette in den Laden und sagte: »Ich habe gehört, Sie haben einen Korb Semmeln für die Deutschen gespendet. Das soll Ihnen kein Schaden sein. Hier ist das Geld!« Noch ehe der Meister die Angelegenheit richtigstellen konnte, war sie schon wieder verschwunden. Der Steuerberater Gevrey kam herein und spähte vorsichtig nach allen Seiten. Er flüsterte: »Nicht ungeschickt, Meister, so kann man Sie nicht wegen Begünstigung des Feindes verklagen. Es war einfach ein Unfall! Aber ich möchte mein Scherflein beitragen, diesen Schaden zu mindern.« So ging das weiter. Am Abend dieses denkwürdigen Tages hatte der Bäcker Geld für siebenhundertfünfundneunzig Semmeln in der Lade. Was sollte er tun? Behalten wollte er das Geld nicht; der Unfall war auch nicht zu wiederholen. So ging er in die Kaserne und einigte sich mit dem verständnisvollen Hauptmann, dass René morgens als Erstes zum Lager der Deutschen Brötchen brachte. Und bald freute sich René darauf, in den harten, ernsten Gesichtern der Männer ein verklärtes Lächeln zu sehen, wenn er ankam.

Was aber noch bedeutsamer war: Das weihnachtliche Geschehen auf der Rue Bonaparte hatte die Herzen einiger Menschen verwandelt.

(Nach der Begebenheit von Karl Springenschmid, Weihnacht auf der Rue Bonaparte)

Kleine Ursache, große Wirkung! Es müssen keine Wunder passieren, wenn wir zum vierzigsten oder sechzigsten Mal Weihnachten feiern. Aber es kann eine innere Bewegung von diesem Fest ausgehen, die nicht nur über die Feiertage anhält. Das jedenfalls ist die Chance von Weihnachten und das Anliegen des Kindes in der Krippe, das uns mit ausgebreiteten Armen lächelnd einlädt, der Liebe und der Barmherzigkeit mehr Raum zu verschaffen.

Gibt es einen Zufall?

Glauben Sie an einen Zufall? Menschen, die ihr Vertrauen auf Gott setzen, sagen: »Nein! Gott hat letztlich alle Fäden in der Hand, auch wenn die Freiheit des Menschen so viel durcheinanderbringt.« Trotzdem bleiben Zweifel. Wir stellen fest: Noch ein Zentimeter mehr nach links und der Mann wäre tot gewesen. Aber wir sagen auch: Noch ein Zentimeter mehr nach rechts und die Frau hätte überlebt. – Ob Zufall oder nicht, muss offen bleiben! Sonst würde den Menschen die Freiheit genommen, an Gott zu glauben oder ihn abzulehnen! Gott möchte keine Marionetten. Darum ist *unsere* Entscheidung gefragt.

Ich möchte Ihnen dazu eine Weihnachtsgeschichte aus dem fernen Chicago erzählen. Sie ist schon fast hundert Jahre alt. Arbeitslosigkeit und Verzweiflung herrschten damals in einem Ausmaß, wie es für uns unbegreiflich ist. Das letzte Geld wurde in Alkohol umgesetzt. Und so war denn auch die Stimmung in einer Kneipe sehr gedämpft.

Da saß ein Mann – so hatten Kumpels beobachtet –, der bei allem, was mit Polizei zu tun hatte, zusammenzuckte. Jeder konnte sehen, dass er in keiner guten Haut steckte. Da dachten sich welche einen Schabernack aus. Das Geschenk zu Weihnachten durfte ja nichts kosten: Sie rissen mit Erlaubnis des Wirtes aus einem alten Adressbuch drei Seiten heraus mit lauter Anschriften von Polizeiwachen. Diese schlugen sie sorgfältig in eine Zeitung ein und überreichten dem Mann dieses Päckchen als Weihnachtsgeschenk.

Es trat große Stille ein. Alle in der Kneipe hatten es mitbekommen und starrten jetzt auf diesen Mann. Der nahm das Päckchen zögernd in die Hand. Er sah alle mit einem kalkigen Lächeln von unten herauf an. Er fühlte das Geschenk ab, um schon vor dem Öffnen festzustellen, was darin sein könnte. Dann aber begann er es rasch aufzumachen.

Jetzt geschah etwas Überraschendes. Der Mann nestelte an der Schnur herum, mit der das »Geschenk« verschnürt war. Dabei fiel sein Blick wie zufällig auf das Zeitungsblatt, das sie als Einpackpapier genommen hatten. Und dann krümmte sich sozusagen sein ganzer dünner Körper um dieses Zeitungsblatt zusammen. Er bückte sein Gesicht tief herunter und las. Er las so hingebungsvoll wie noch nie. Dann schaute er auf. Er blickte strahlend wie ein Sieger in die Runde. Er sagte mit einer verrosteten Stimme, die mühsam ruhig blieb: »Ich lese hier gerade in der Zeitung, dass die ganze Angelegenheit, in die man mich hineinziehen wollte, schon lange aufgeklärt ist. Jedermann in Ohio weiß, dass ich mit der ganzen Sache nicht das Geringste zu tun hatte.« Dann lachte er.

Jetzt begriffen alle in der Kneipe: Der Mann hatte unter irgendeiner Beschuldigung gestanden. Darum seine panische Angst vor allem, was mit Polizei zu tun hatte. Und jetzt hatte er eben aus diesem Zeitungsblatt erfahren, dass er rehabilitiert worden war. Alle fingen plötzlich an, aus vollem Hals und Herzen mitzulachen. Dadurch kam eine gute Stimmung auf, ja es kam richtig Schwung in die Kneipe. Alle vergaßen die augenblickliche Bitterkeit des Lebens. Es wurde ein ausgezeichnetes Weihnachtsfest, das bis in den Morgen dauerte und alle zufrieden stellte.

Dieser Bericht stammt von Bert Brecht, einem erklärten Kommunisten, der »offiziell« nicht an Gott glaubte. Trotzdem schreibt er zum Schluss: »Bei der allgemeinen Fröhlichkeit spielte es schließlich überhaupt keine Rolle mehr, dass nicht wir dieses Zeitungsblatt als Einpackpapier ausgesucht hatten, sondern – Gott.« Zufall – oder nicht?

(Nach der Geschichte von Bert Brecht, Weihnachten in Chicago, verkürzt wiedergegeben)

Wer bekennt, dass in diesem Kind in der Krippe der Himmel die Erde geküsst hat, der glaubt an keinen Zufall. Der hält die Augen dafür offen, wie sehr Gott auf krummen Zeilen gerade schreiben kann.

23 Die drei Gaben

Es gibt Dichter und Propheten mitten unter uns, die so lange über das Geheimnis der Weihnachtsbotschaft nachdenken, bis sie die Geschichte weiterschreiben können. Eine solche Vision erzählt: Kaum hatten die drei vornehmen Gäste aus dem Morgenland den Glanz der Geschenke von Gold, Weihrauch und Myrrhe vor dem Kind in der Krippe niedergelegt und auf höheren Befehl Bethlehem verlassen, da nahten drei andere Gestalten.

Die Erste von ihnen ging in Lumpen einher, schaute hungrig und durstig nach allen Seiten. Die Zweite ging vornüber geneigt; sie trug Ketten an den Händen, die die Haut schon wund gescheuert hatten. Die dritte Gestalt hatte wirre Haare, einen suchenden, unsteten Blick und hielt nach Verlorenem Ausschau.

Josef hatte die Tür zum Stall offengehalten. Er wusste ja, dass jedermann Zutritt hatte und dieses Kind – wie jedes Kind – nicht einmal seinen Eltern gehörte.

Lange standen die drei vor der Krippe und betrachteten das Kind. Wer war ärmer: das Kind in diesem Stall auf Stroh oder sie mit traurigem Blick?

Josef aber wollte helfen, sah die drei leuchtenden Gaben in einer Nische an der Wand und bot dem Zerlumpten das Gold an. Der aber antwortete: »Wer bei mir Gold findet, wird mich als Dieb verdächtigen. Du aber wirst es bald für dein Kind brauchen. Ich hätte nie gedacht, dass meine Arbeitslosigkeit mich so schnell sozial abstürzen lassen würde. Auch der Schuldenberater macht mir keine große Hoffnung. Wie soll es nur weitergehen?«

Dem Zweiten bot Josef die Myrrhensalbe an, um seine Wunden zu pflegen. Aber auch der lehnte ab: »Ich bin durch meine Wunden stark und zäh geworden. Behalte die Salbe für das Kind, wenn es einmal geschundene Hände und Füße haben wird. Ein unbekannter Virus hat mich aus all meinen Träumen gerissen. Die Krankheit hat mich an den Rand des Abgrunds gebracht. Ich weiß nicht mehr ein noch aus!«

Dem Dritten wollte Josef den Weihrauch reichen und sagte: »Sein Wohlgeruch kann deine Trauer nicht vertreiben, aber er erquickt doch wenigstens deine Seele.« Doch auch die dritte Gestalt mochte das Geschenk nicht annehmen: »Mich kann nichts mehr retten. Ich bin an allem irre geworden: Zuerst an der Untreue meiner Frau und dann habe ich den Glauben an Gott verloren. Was soll da noch der Weihrauch? Er würde mir nur meine Zweifel umnebeln.«

Während Maria und Josef enttäuscht waren, weil die Gestalten das Angebotene zurückwiesen, lag das Kind da mit offenen Augen. Die drei traten ganz nahe zu ihm hin und sagten: »Du kommst auch nicht aus der Welt des Goldes, der Myrrhe und des Weihrauchs. Du gehörst in unsere Welt der Not, der Plage und des Zweifels. Darum schenken wir dir, was uns gemeinsam ist.«

Der Erste legte ein paar Lumpen aufs Stroh und sagte: »Nimm sie als erbärmliches Geschenk an. Aber du wirst sie einst tragen, wenn sie dir die Kleider nehmen und du allein und nackt sein wirst. Denk dann bitte an mich!«

Der Zweite nahm eine seiner Ketten und legte sie neben die Hand des Kindes: »Nimm, was mich und andere fesselt: die Krankheiten und Katastrophen aus heiterem Himmel. Die Ketten werden dir passen, wenn einer deiner Freunde dich verrät, die anderen alle weglaufen und du abgeführt wirst. Dann denke an mich!«

Der Dritte beugte sich ganz tief über das Kind: »Nimm meine Zweifel und das Gefühl, von Gott verlassen zu sein. Ich habe sonst nichts. Teile sie mit mir; sie sind zu schwer, um sie allein zu tragen. Schrei sie einmal hinaus. Und dabei vergiss mich nicht.«

Maria hielt erschrocken die Hände wie in Abwehr über das Kind. Josef griff in die Krippe, um Lumpen und Fesseln wegzunehmen. Aber sie waren schon mit dem Kind verwachsen und ließen sich nicht fortnehmen.

Das Kind aber lag da – mit offenen Augen und Ohren den drei Gestalten zugewandt. Da wussten sie, dass das Kind sie verstand und ihre Last mittragen würde. Und sie gingen mit zuversichtlichem Blick und festem Schritt aus dem Stall hinaus.

(Geändert nach der gleichnamigen Geschichte von Werner Reiser)

Ich weiß nicht, mit wie vielen unsichtbaren Lumpen um die Seele und Ketten an Herz und Gemüt Sie hierhin gekommen sind. Aber gehen Sie ruhig ganz nahe an die Krippe. Da ist uns ein Kind geboren, das unsere Lasten verstehen kann, weil es sie auch tragen musste. Und vor allem: Dieses göttliche Kind *will* die Lasten mittragen.

Die Geschenke der »Könige« 24

Die Sterndeuter aus dem Osten – wir nennen sie einfach Könige – rücken an der Krippe in unserer Kirche bereits näher. Und bei Ihnen zu Hause sind sie vielleicht schon in die Knie gegangen. Dazu möchte ich folgende Begebenheit erzählen:

Jugendliche hatten selbst ein Krippenspiel geschrieben. Aber sie hatten die Rollen der drei Könige vergessen! Deshalb riefen sie am Vorabend einige Leute an, ob sie bereit wären, als Könige einzuspringen. Sie sollten einfach einen Gegenstand, der ihnen etwas bedeutet, als Geschenk an das Jesuskind mitbringen und dabei frisch von der Leber weg sagen, warum sie gerade diesen Gegenstand mitbrächten.

Der erste König war ein Mann, Mitte fünfzig, Vater von fünf Kindern, Angestellter bei der Stadtverwaltung. Er brachte eine der beiden Krücken mit, die er in seinem Abstellraum noch aufbewahrte. Er legte sie vor das Kind in der Krippe und sagte: »Ich bringe dir diese Krücke als Zeichen meiner großen Dankbarkeit. Vor einigen Jahren hatte ich einen schweren Autounfall. Frontalzusammenstoß. Mehrere Wochen lag ich mit vielen Brüchen im Krankenhaus. Niemand konnte sagen, ob ich überhaupt je wieder würde gehen können. Über jeden noch so kleinen Fortschritt war ich froh und dankbar. Diese Wochen haben mich verändert. Ich bin bescheidener und fröhlicher geworden. Vor allem dankbarer. Ich nehme jetzt wieder das Kleine und Alltägliche wahr, sehe nichts mehr als selbstverständlich an.«

Der zweite König war eine Königin, Mutter von zwei Kindern. Sie brachte eine Windel mit, legte sie vor die Krippe und sagte: »Mein Beruf als Grafikerin hat mir immer sehr viel Freude gemacht. Ich konnte meine Talente gut einbringen. Dann kamen die Kinder. Ich wollte sie zur Betreuung nicht in fremde Hände geben, weil ich weiß, wie wichtig es ist, ihnen als Mutter Nähe und Geborgenheit zu schenken. Doch als sie größer wurden, fiel mir die Decke auf den Kopf. Ich war hin und her gerissen. Da hatte ich plötzlich die Idee, meine schöpferische Kraft in Bastel- und Spielgruppen zu stecken und übernahm Verantwortung auch für andere Kinder. Das erfüllte mich, weil ich wusste, wie wichtig das auch für die Gesellschaft ist, in der selbst Wunschkinder verwahrlosen oder herumgestoßen werden. Das schenkte meinem Leben neuen Sinn. Darum möchte ich mit dieser Windel Ja sagen zu meiner kleinen Welt und gleichzeitig als Stützpfahl der großen Familie in unserer Gesellschaft dienen.«

Der dritte König war ein junger Mann. Er brachte ein leeres Blatt mit, legte es vor das Kind in der Krippe und sagte: »Ich habe lange mit mir gerungen, ob ich überhaupt kommen sollte. Meine Hände sind leer. Mein Herz voller Sehnsucht nach Glück und Sinn. In mir sind nur Unruhe, Suchen, Fragen, Warten, Zweifel. Ich habe nichts vorzuweisen, und meine Zukunft ist ziemlich dunkel. Rund hundert Absagen auf meine Bewerbungsschreiben habe ich schon bekommen, obwohl meine Schulabschlüsse nicht schlecht sind. Wie soll ich denn eine Familie gründen, eine Existenz planen, für das Alter vorsorgen, wenn ich im besten Falle nur Zeitverträge erhalte? Dieses leere Blatt, Kind in der Krippe, bedeutet: Ich habe noch die Hoffnung, dass du kamst, um uns Sinn zu schenken. Siehe, ich bin innerlich leer, aber mein Herz ist offen und bereit zu empfangen.«

Was hätten *wir* als Geschenk mitgebracht? Auch hier stehen welche, die am barmherzigen Gott zweifeln, die einen Lebenssinn suchen oder deren Hände und Herzen leer sind. Wenn wir unsere Herzen nur öffnen würden und zum Empfangen bereithielten, kann auch bei uns ein kleines Wunder geschehen!

(Willi Hoffsümmer, in: Der Prediger und Katechet.
Praktische katholische Zeitschrift für die Verkündigung des Glaubens.
147. Jahrgang, Heft 1/2008. © 2008 Schwabenverlag AG, Ostfildern)

25 Der Nach-Weihnachtsengel

Wir werden es erleben: Übermorgen werden bereits die ersten Christbäume entsorgt. Nur noch ein bisschen Lametta erinnert an die vergangene Herrlichkeit. Zu schnell nach Weihnachten macht sich der Alltagsärger wieder breit. Die Anträge auf Ehescheidung häufen sich.

Wir hören von einem Engel und von einer Freude, die noch lange nach Weihnachten möglich bleibt, wenn wir den Ratschlag der folgenden Geschichte beachten:

Als ich dieses Jahr meine Krippe und die fünf Weihnachtsengel wieder einpackte, behielt ich den Letzten in der Hand. »Du bleibst«, sagte ich zu ihm. »Ich brauche ein bisschen Weihnachtsfreude für das ganze Jahr.«

»Da hast du aber Glück gehabt«, sagte er.

»Wieso?«, fragte ich ihn.

»Na, ich bin doch der einzige Engel, der reden kann.«

Stimmt! Jetzt erst fiel es mir auf: ein Engel, der redet? Da hatte ich wirklich Glück gehabt. »Wieso kannst du eigentlich reden? Das gibt es doch gar nicht!«

»Doch, das ist so. Nur wenn jemand nach Weihnachten einen Engel zurückbehält, nicht aus Versehen, sondern wegen der Weihnachtsfreude – wie bei dir –, dann können wir reden. Aber es kommt ziemlich selten vor. Übrigens, ich heiße Heinrich.«

Seitdem steht Heinrich in meinem Wohnzimmer im Regal. In den Händen trägt er seltsamerweise einen Müllkorb. Heinrich steht gewöhnlich still an seinem Platz, aber wenn ich mich über irgendetwas ärgere, hält er mir seinen Müllkorb hin und sagt: »Wirf rein!«

Ich werfe meinen Ärger hinein – weg ist er! Manchmal ist es ein kleiner Ärger: wenn ich zum Beispiel meine Brille verlegt habe oder meinen Haustürschlüssel nicht finde. Es kann aber auch ein größerer Ärger sein oder eine Not, ein Schmerz, mit dem ich nicht fertig werde.

Eines Tages fiel mir auf, dass Heinrichs Müllkorb immer gleich leer war. Ich fragte ihn: »Wohin bringst du das alles?«

»In die Krippe«, sagte er.

»Ist denn so viel Platz in der kleinen Krippe?«

Heinrich lachte. »Pass auf: In der Krippe liegt ein Kind, das ist noch kleiner als die Krippe. Und sein Herz ist noch viel kleiner. Deinen Kummer lege ich in Wahrheit gar nicht in die Krippe, sondern in das Herz des Kindes. Verstehst du das?«

Ich dachte lange nach. »Das ist schwer zu verstehen. Und trotzdem freue ich mich. Komisch, nicht?«

Heinrich runzelte die Stirn. »Das ist gar nicht komisch, sondern das ist die Weihnachtsfreude. Verstehst du?«

Auf einmal wollte ich Heinrich noch vieles fragen. Aber er legte den Finger auf den Mund. »Pst«, sagte er, »nicht reden. Sich einfach freuen!«

(Verkürzt nach Dietrich Mendt)

Also mein Tipp: Behalten wir doch auch mal einen Engel zurück – wegen der Weihnachtsfreude! Und spitzen wir die Ohren. Wir werden es hören: »Wirf rein!« – in das gütige Herz des Kindes, was uns belastet!

Das Weihnachtsgeheimnis
in Symbolen

Das Licht leuchtet in der Finsternis

Vorbereitet sind drei Grafiken mit der Abfolge einer Krippenzeichnung durch ein Kleinkind: $X / \overline{X} / \widehat{\overline{X}}$.

(P. zeigt oder zeichnet das erste Bild, ein X)

Wenn ein kleines Kind die Krippe zeichnet, malt es zuerst diese beiden Balken. Dieses X benutzen wir, um etwas durchzustreichen. So durchkreuzt Gott in diesem Kind in der Krippe all unser menschliches Denken. Denn der lang ersehnte Messias kommt nicht als Superstar in die Welt oder als gewaltiger Herrscher, sondern als Kind: nicht in einem Königspalast, sondern in einem Stall; nicht am Rande Roms, sondern in einem völlig unbedeutenden Provinznest.

Wenn ich das X um 90 Prozent drehe, ahnen Sie das Kreuz: Das Holz der Krippe findet sich im Holz des Kreuzes wieder. Dieser Jesus geht den unteren Weg, deshalb hat er besonders denen viel zu sagen, die auf dem unteren Weg gehen müssen oder sich plötzlich auf ihm wiederfinden.

(P. zeigt das zweite Bild = $\overline{X}$)

Sie sehen: Ein einfacher Strich macht die Krippe perfekt. Wir erkennen das Untergestell und den Futtertrog. Der Trog hat jetzt die Form eines Dreiecks, dessen Spitze nach unten weist. Das Dreieck ist ein geläufiges Symbol für den dreifaltigen Gott, in dem jeder Eckpunkt für eine göttliche Person steht: Vater und Sohn und Heiliger Geist. Das Dreieck der Dreifaltigkeit stößt nach unten genau auf das, was von unten emporwächst, und trifft auf den Mittelpunkt der Schöpfung, auf den Menschen. Der dreifaltige

Gott kommt in die Welt, indem der Sohn Mensch wird in Jesus Christus.

(P. zeigt das dritte Bild = $\widehat{\mathbf{X}}$)

Mit dem vierten Strich malt das Kind über dem Jesuskind den Halbkreis eines Lichtscheines: Wie eine aufgehende Sonne hat Jesus Helligkeit in unsere Welt gebracht. Allen, die verzweifelt nach Gott suchen und fragen, antwortet er in frappierender Einfachheit: »Wer mich sieht, sieht den Vater, der mich gesandt hat« (Joh 12,45). Und Jesus fährt bei Johannes fort: »Ich bin das Licht, das in die Welt gekommen ist, damit jeder, der an mich glaubt, nicht in der Finsternis bleibt« (Joh 12,46). Wie wir es im Evangelium gehört haben: »Das wahre Licht, das jeden Menschen erleuchtet, kam in die Welt« (Joh 1,9). Aber die Finsternis hat es bis heute nicht ergriffen (Joh 1,5b).

(Jetzt das Bild kurz nach unten halten)

Ich zeige Ihnen noch ein viertes Bild *(P. zeigt jetzt wieder das dritte Bild = $\widehat{\mathbf{X}}$)*. Jetzt bedeutet das Bild: ein Kelch mit einer Hostie. (Die Formen würden beim Kind etwas runder ausfallen, aber ich meine, es ist gut erkennbar.) Immer, wenn wir hier zusammenkommen, feiern wir etwas vom weihnachtlichen Geheimnis: Jesus kommt immer wieder in unsere Mitte in den Gestalten von Brot und Wein. Kelch und Hostie werden zur wahren Krippe; denn Jesus Christus wird unter uns geboren, wenn Brot und Wein auf dem Altar verwandelt werden. So werden bei der heiligen Kommunion unsere Hände zur Krippe, wenn uns Jesus Christus in der Gestalt des Brotes in unsere Hände gelegt wird. Und hoffentlich auch in unser Herz! Denn wäre Christus tausendmal in Bethlehem geboren und nicht in uns, wir wären immer noch verloren (Angelus Silesius). Darum hat der Maler in der Kathedrale von Le Mans in einem Glasfenster bewusst die Krippe leer gelassen, um dem Betrachter zu sagen: Wenn dein eigenes Herz nicht zur Krippe wird, ist Jesus umsonst gekommen.

Sie sehen: Das große Geheimnis von Weihnachten ist mit einer einfachen Kinderzeichnung erklärbar. Wie wir auch in jedem Kind in ganz einfacher Form etwas von der Größe Gottes erahnen können.

(Verkürzt und verändert nach einer Predigt aus der Pfarrei Hl. Dreifaltigkeit, D-49163 Bohmte-Hunteburg)

27 Das kostbarste Geschenk

Vorbereiten: Ein Jesuskind mit einladender Armhaltung in einen schön verpackten Geschenkkarton legen, der leicht zu öffnen ist.

(P. zeigt den hübsch verpackten Geschenkkarton.)
Seht mal, ein schön verpacktes Weihnachtsgeschenk! Was müsste denn in diesem Karton sein, um dich richtig zu erfreuen? Für die Mädchen eine Puppe, die »Mama« schreit, sobald du das Kinderzimmer betrittst? Für die Jungen eine neue Lok, die, wenn sie entgleist, automatisch wieder in die Schienen springt? Für die größeren Jungen ein Geschenkbon über eine Stunde Fahrt im Cockpit von Lewis Hamilton, wenn da genügend Platz wäre *(oder ähnliches aktuelles Beispiel)*? Für die Jugendlichen der neueste MP3-Player? Für die Frauen ein atemberaubender Schmuck, der alle in der Nachbarschaft und Verwandtschaft blass werden lässt? Für manche Männer ein Gutschein, auf dem steht: »Du brauchst ein Jahr lang im Haushalt nicht mitanzupacken!«?
Aber ehrlich: Was haben solche Geschenke mit Weihnachten zu tun? – Vielleicht aber ist in diesem hübschen Karton überhaupt nichts drin? Wäre das dann nicht symbolisch für viele: Außen stimmt alles am Weihnachtsfest, aber »innen« ist nichts mehr, was das Herz erwärmt. Darum sagen immer mehr Menschen: Raus, weg von hier! In den Urlaub!
Aber in diesem Geschenkkarton *ist* etwas drin: Das Wichtigste von Weihnachten, das ich nicht kaufen kann und das tausend tolle Geschenke nicht aufwiegen können! Hier drin verbirgt sich Weihnachten selbst! Soll ich es auspacken?

(P. packt langsam aus und holt aus dem weißen Seidenpapier [oder -stoff] ein Jesuskind hervor.)

Seht, was zum Vorschein kommt – gegen all die Mogelpackungen unserer Zeit, gegen all die zerknüllten Geschenkpapierberge an Weihnachten, gegen ein verpacktes Weihnachtsfest, dessen Kern vielen verhüllt ist: das nackte Jesuskind, schutzlos, machtlos, unverpackt. Gottes Liebe braucht kein aufwendiges Drumherum, für dieses Geschenk ist jede Verpackungsform ungeeignet. In jedem Kind wird uns dieses Geschenk der Liebe Gottes überreicht. Schaut mal, wie das Kind die Arme ausbreitet – wie jedes Baby, das uns anlacht. Dieses Kind spricht die Einladung aus: Komm in meine Arme. Lass dich umarmen – so wie du bist – auch als verlorene Tochter, als verlorener Sohn. – Vielleicht will es auch sagen: Komm, umarme mich! Dieses Kind muss ja auch – wie jedes Kind – umarmt werden, um einmal andere umarmen zu können. Wenn sich dieses Kind uns so nackt, schutzlos und lächelnd anbietet, dann kann ich doch all meine Mogelei ablegen, all meine Verschleierungstaktik, all meine Macken und Lebenslügen, und »unverpackt« diesem Kind begegnen!

Lassen wir diese Umarmung dann zu, gehen wir verändert fort. Dann haben wir wieder den Mut, auch auf die zuzugehen, deren Bosheiten oder gar vermeintliche Hinterhältigkeiten uns abstoßen.

Jesus – das Geschenk an Weihnachten in unseren Armen! Der Bruder an unserer Seite. Bis ans Kreuz! Denn dort hat er sich auf diese liebende Einladungsgeste des barmherzigen Vaters festnageln lassen.

Das Jesuskind gebe ich in eure/Ihre Hände. Nehmen Sie es, wenn es Ihnen gereicht wird, dankbar und zärtlich entgegen – es ist für alle da! Schauen Sie ihm einen Moment lang in die Augen. Lassen

Sie sich einladen. Wer von den Kindern es einmal drücken, vielleicht sogar küssen möchte, darf das tun: Es ist ja das größte Weihnachtsgeschenk! Es ist Weihnachten selbst!

(P. lässt das Jesuskind durch die Reihen reichen.)

(Nach einer Idee von Paul Diefenbach, Köln, in der »Kölnischen Rundschau«, Weihnachten 1994)

Das Kind in die Mitte

Vorbereiten: Eine Baumscheibe, die innen verfault ist

Kurz vor dem ersten Advent schellte es im Pfarrhaus. Ich öffnete.
»Kommen Sie schnell! Auf dem Friedhof ...«
Dann sah ich es auch: Eine der beiden wunderschönen, gewaltigen Platanen, die dort standen, wurde von einem Räumkommando vorsichtig von oben nach unten stückweise abgesägt.
Viele beobachteten den Vorgang in sicherer Entfernung; einige auch in Sorge um ihre Gräber, die sich darunter befanden.
Keiner hatte es bemerkt: Nach außen hatte die Platane im Sommer noch im vollen Blätterwerk gestanden und niemand ahnte, dass der Stamm innen schon ausgehöhlt war und verfault; ein giftiger Pilz hatte ihn seit Jahren zerstört. Eine Katastrophe – wäre der Baum auf dem belebten Friedhof umgestürzt und hätte Menschen getroffen!
Mich beschäftigte dieses Ereignis eine Weile: Ist es nicht ein Sinnbild für manche Menschen und vor allem für unsere Gesellschaft? Nach außen stimmt alles, eine wunderbare Fassade, aber innen hohl und vergiftet. Beispiele:
– Die junge Familie mit den netten Kindern ... und plötzlich trennen sich die Eltern.
– Oder wie es einmal in der Zeitung stand: Der Musiker, der jeden Tag mit seinem Geigenkasten zur Arbeit ging. Bis man ihn tot auffand – mit dem *leeren* Geigenkasten. Er war an der Arbeitslosigkeit zerbrochen, wollte es aber vor den Mitmenschen verbergen.
– Oder unsere Wohlstandgesellschaft: Wie gut geht es uns doch

eigentlich, verglichen mit großen Teilen der Welt? Auch wenn wir jetzt langsam zu spüren bekommen, dass wir über unsere Verhältnisse gelebt haben. Jedenfalls würden andere Länder gerne mit unseren Sorgen tauschen. Noch gibt es die glänzende Fassade, aber innen ist vieles hohl, faul, ja vergiftet: Die Gewaltbereitschaft wächst, die schon in Grundschulen Mobbing kennt. Die Einsamkeit vieler Kinder, die aus der Schule kommen und die keiner erwartet. Zu viele Verheiratete haben oder wollen keine Kinder. Der Schwachsinn vieler Talkshows im Fernsehen – die Teilnehmer/innen können noch so »dämlich« sein: Sie finden ein frenetisch applaudierendes Publikum. Zur Jugendszene fällt den Verantwortlichen auch immer weniger ein: Klamotten bedeuten mehr als die Menschen, die darin stecken? Gott und die Kirche – in manchen Kreisen immer noch: megaout! Aber bringt es das Freizeit-Center oder die Videowand, auf der man sich zwanzig Filme auf einmal »reinziehen« kann? –

Zwei Tage nach dem Fällen der Platane schleppte ein junger Familienvater, Diplom-Fotograf von Beruf, eine Baumscheibe ins Pfarrhaus. Aufgestellt war sie fast ein Meter hoch. Er schaute mich lächelnd und erwartungsvoll an: »Die stammt aus der abgesägten Platane. Ich habe die Männer gebeten, mir doch eine Baumscheibe abzusägen. Sie zerschnitten gerade in sieben Meter Höhe einen Ast.«

Sah schon imposant aus, die Baumscheibe: Der Baumkrebs hatte sie innen zerstört, nur die dünne Außenrinde war noch intakt.

»Und was, bitte, soll ich jetzt damit anfangen?«

»Ach, Ihnen fällt schon was ein.« Aha, da war nun meine Fantasie gefordert. Spontan fiel mir nichts dazu ein. Aber ich stellte die Baumscheibe so in den Eingangsbereich des Pfarrhauses, dass mein Blick sie jedes Mal streifte, wenn ich vorbeiging.

Es dauerte nicht lange, in der Vorweihnachtszeit fiel es mir wie Schuppen von den Augen: Ich stelle die *Krippe* in die aufgerichtete Baumscheibe! Meine Weihnachtspredigt in diesem Jahr war geboren! Mitten in das Fassadendenken unserer Zeit mit all seiner Fäulnis und Hohlheit: die Krippe! Das Kind wird in die Mitte gestellt. Eine junge Familie weiß, was das bedeutet: Alles dreht sich um das Kind.

In der Krippe liegt das Kind mit ausgebreiteten Armen. Es bringt uns die Botschaft: Du bist von Gott geliebt, bedingungslos, ganz gleich, wer und wie du bist. Du darfst dich von mir, von Gott, umarmen lassen. Wie ernst das gemeint ist, sehen wir an den ersten Gästen, die zu ihm finden: stinkende, verachtete Hirten ohne Besitz und festen Wohnsitz und drei Ausländer aus dem Morgenland, die einem Stern gefolgt sind. Also Menschen von Wegelagerern bis hin zu Phantasten! Da passe ich doch auch noch dazwischen! – Auf diese einladende Haltung der ausgebreiteten Arme hat Jesus sich später festnageln lassen!

Ich stelle auch Maria dazu: Sie hat in der Begegnung mit dem Engel die Klopfzeichen Gottes vernommen. Sie spricht ihr Ja in eine unsichere Zukunft und das kann sie doch nur in einem Berge versetzenden Vertrauen auf Gott.

Warum nicht auch noch Josef dazustellen? Laut Bibel sagte er zwar kein einziges Wort. Aber nach dem Rippenstoß des Engels: »Fürchte dich nicht, Maria als deine Frau zu dir zu nehmen; denn das Kind, das sie erwartet, ist vom Heiligen Geist« (Mt 1,20b), stand er ein Leben lang treu und still zu diesem geheimnisvollen Kind und zu Maria.

Vertrauen und Treue sind doch Werte, von der eine erneuerte Gesellschaft leben könnte: Es liegt die Zusage Gottes darin: Du bist geliebt!

29 Um die Mitte kreisen

Vorbereiten: Leihen Sie sich eine Weihnachtspyramide aus!

(P. entzündet die Kerzen an der Weihnachtspyramide:) Nun drehen sich Maria und Josef, Hirten, Weise und Engel um die »Mitte«, um das Kind in der Krippe. *(P. hält sein Ohr in Richtung der dargestellten Personen:)* Ihr hättet gerade den Hirten hören sollen, als ich mit dem Licht näher kam. »Gleich gehts wieder los«, schimpfte er, »jeden Tag dieses eintönige Karussell, ein Leben lang. Kaum ist man aufgestanden, beginnt das endlose Einlösen von Pflichten. Abends ist man kaputt, und der Schlaf dient nur dazu, am nächsten Morgen für die gleiche Mühle wieder fit zu sein. Schon die Kinder werden dahingehend beeinflusst, diesen mörderischen Trott, dieses ständige Rotieren durchzuhalten. Nur von Urlaub zu Urlaub lebe ich; auf Weihnachtsgeschenke kann ich gerne verzichten – hab doch alles! Das geht so vierzig Jahre lang – wenn man Glück hat. Und dann trägt man die Hälfte des verdienten Geldes zum Arzt, weil der Körper ruiniert ist. Was soll das eigentlich?«
(P. hört wieder hin.) Habt ihr gehört? Der erste König hat ihm eine Antwort gegeben: »Ich sehe das anders, lieber Hirte! Wir haben unsere Mitte gefunden, den Dreh- und Angelpunkt unseres Lebens. In Jesus haben wir die Menschenfreundlichkeit Gottes erkannt. Gott schenkt uns kleinen Menschen seinen Sohn an die Seite. Er lässt sich auf uns ein, die wir so oft unsere Freiheit missbrauchen. Jetzt wissen wir, woher wir kommen und wohin wir gehen. Darum ist unser ganzes Leben kein sinnloses Rotieren mehr: Wir drehen uns um die Mitte – bis wir in diese Mitte einmal eintauchen dürfen. Wir sind Wanderer zur wirklichen Heimat.«

(P. hört wieder hin.) Und was sagte der König noch?: »Wisst ihr, Glauben heißt zuerst hören, dann gehorchen und dann angehören, d.h. sich fest an Gott als Mitte binden und ihm vertrauen.« – Darum höre ich weiter … *(Stille)*

Der zweite König hat sich auch gerade an den Hirten gewandt. »Ja«, sagte er zu ihm, »Gott hat uns durch seinen Stern in Bewegung gebracht. Wir lebten im Wohlstand und dachten, Reichtum sei alles. Nun erkennen wir, mit wie wenig wir auskommen. Es kommt nicht auf die tausend Dinge außen an, die halten uns nur auf: Das Entscheidende hängt vom Inneren ab. Ja, je mehr einer ›außen‹ braucht, umso weniger ist ›innen‹! Dieses Kind hat uns jetzt in Schwung gebracht. Ihm folgen wir. – Wir verzweifelten bereits mit dem Blick auf das Elend in der Welt; jetzt schauen wir auf dieses Kind, und das gibt uns immer neuen Schwung, etwas gegen das Elend zu unternehmen.«

(P. hört wieder hin.) – *(Stille)* Auch der dritte König hat dem Hirten etwas zu sagen! Er meint: »Schau mal, Hirte, es braucht nur wenig, was uns in Bewegung setzt, was aus dem Alltagstrott heraus antreibt: ein wenig Licht – Orientierung – und ein wenig Wärme. Dann können die großen Flügel über uns die schönsten Lichtspiele an die Zimmerdecke werfen. Nur ein wenig Orientierung und ein wenig Wärme – und alles ist anders.«

(P. hört zum letzten Mal hin …) – *(Stille)* Der Hirte sagt nichts mehr. Vielleicht hat er sich tatsächlich anstecken und begeistern lassen von dem Schwung der drei Könige. Das wäre auch toll für uns alle: Uns begeistern lassen für den Dreh- und Angelpunkt des Lebens, den menschgewordenen Sohn Gottes, damit wir wieder neuen Schwung erfahren. Der Blick auf ihn und ein wenig mehr Wärme genügen!

(Geändert nach Wolfgang Raible, Spiel mir das Lied vom Leben)

30 Vom Apfel zur Weihnachtskugel

Vorbereiten: Ein pausbäckiger, roter Apfel und ein Tannenzweig, an dem eine goldene Christbaumkugel hängt.

Kaum war der letzte Besucher aus dem Stall gegangen – so erzählt eine Legende –, erschien auf der Schwelle eine uralte Frau in einem Lumpengewand. Maria zuckte zusammen, konnte sie doch glauben, die Frau gleiche einer bösen Fee, die ihrem Kind nur Unglück bringt.

Die uralte Frau ging bis vor die Krippe und verneigte sich ganz tief. Da schlug das Jesuskind die Augen auf. Maria war erstaunt, denn die Augen der Frau und die des Kindes ähnelten einander – leuchteten in derselben Hoffnung.

Die Frau zog aus den Lumpen einen Gegenstand, den sie dem Kind auf die Hand legte. Was war das für ein Geschenk – nach all den Geschenken der Hirten und der Magier?

Dann richtete sich die uralte Frau auf, wie von einer schweren Last befreit: Die Schultern waren nicht mehr gekrümmt, jetzt berührte ihr Kopf fast das Gebälk des Stalles, und ihr Gesicht leuchtete fast jugendlich. So schritt sie hinaus in die Nacht.

Jetzt erst konnte Maria das geheimnisvolle Geschenk erkennen: *(P. zeigt den Apfel.)* Es war ein kleiner Apfel; der Apfel der ersten Sünde, die Frucht des Baumes der Erkenntnis von Gut und Böse im Paradies. In der Bibel steht zwar nichts von einem Apfel, aber die Künstler haben immer diese Frucht gemalt, weil sie so verführerisch wirkt. Sie steht als Symbol für Schuld und Sünde, weil sich der Mensch über das Gebot Gottes hinwegsetzte – das bringt immer Leid, Verirrung und Tod: den Verlust des Paradieses.

Aber jetzt leuchtete der Apfel in der Hand des Jesuskindes wie eine Weltkugel in neuem Glanz.

(Jean Tharand, Frankreich)

Jetzt ist es zu verstehen, warum die Menschen Äpfel unter den Weihnachtsbaum gelegt haben: Zeichen der neuen Hoffnung, dass die Tore des Paradieses doch wieder geöffnet werden. Schließlich hängte man die Äpfel in den Weihnachtsbaum; weil aber so ein Apfel zu schwer ist, nahm man kleine Holzäpfel. Die wurden eines Tages mit Silber- und Goldfarbe versehen, um den Glanz des neuen Anfangs zu bekunden. Und daraus entstanden schließlich *(P. zeigt den Zweig mit der goldenen Weihnachtskugel)* die Christbaumkugeln aus Glas.

Die Kugel kommt symbolisch Gott am nächsten: Da ist kein vorn und hinten, kein rechts oder links, kein Anfang und Ende. So wie Gott unendlich und ewig ist: ohne Anfang und Ende. Darum gibt es nichts Schlimmeres, als unter dem Weihnachtsbaum Kriegsspielzeug zu verschenken, weil aus den Läufen der Pistolen und Gewehre ja wieder todbringende Kugeln abgefeuert werden – auch wenn sie nur spielerisch Tod und Verderben bringen.

Das Gold der Kugel erinnert an das himmlische Jerusalem, die Stadt der Zukunft, in der die Straßen aus purem Gold sind. Darum zeigen die mittelalterlichen Malereien oft einen goldenen Hintergrund, um an unsere goldene Zukunft zu erinnern.

Liebe Christen, jung und alt! Erst wenn wir uns wieder – wie die Urmutter des Lebens eben – wie Eva – vor dem Kind verneigen, werden wir unser Leben richtig ausrichten können. Erst wenn wir Christen vor dem Kind in der Krippe wieder anbetend und dankbar in die Knie gehen, weil uns ein neuer Anfang geschenkt ist, erst dann wird die Weihnachtsfreude unser Herz erfüllen.

31 Licht für die Welt

Vorbereiten: Eine alte Stalllaterne mit brennendem Licht.

(P. hält die brennende Laterne hoch.)

Viele Jahre vor Christi Geburt lief der griechische Philosoph Diogenes am hellen Tag mit einer brennenden Laterne durch die Straßen. Die Menschen spotteten über ihn: »Du bist wohl übergeschnappt!« Aber er ließ nicht davon ab. Er hielt den Menschen am hellen Tag das Licht entgegen. Da versperrten sie ihm den Weg, um ihn davon abzubringen. Doch er hob den Leuten die Laterne abermals vors Gesicht und sagte: »Ich suche ..., ich suche – einen Menschen!«

(P. lässt die Laterne sinken.)

– Ich suche Menschen, die die grausamen Bilder von Hunger und Kriegen im Fernsehen nicht nur konsumieren und dann zur Tagesordnung übergehen, sondern die sich anrühren lassen.

– Ich suche Menschen, die nicht resigniert die Hände in den Schoß sinken lassen und sagen: »Da kann man nichts machen«, sondern die sich wenigstens an einer Stelle engagieren, um die Welt zum Besseren zu verändern.

– Ich suche Menschen, die an der Theke oder am Arbeitsplatz gegen eine pauschale Verurteilung derer, die anders sind, zu Felde ziehen und nicht erst abwarten, in welche Richtung sich die öffentliche Meinung bewegt.

(P. hält die brennende Laterne wieder hoch.)

Viele Jahre nach Christus erfand der deutsche Philosoph Friedrich Nietzsche den »tollen Menschen«, der genau sein Inneres widerspiegelte. Dieser »tolle Mensch« entzündete am hellen Vormittag eine Laterne, lief damit über den Markt und rief unaufhörlich: »Ich suche ..., ich suche – Gott!« Viele lachten und fragten: »Ist er denn verloren gegangen?« Da antwortete er: »Ich will es euch sagen: Wir haben ihn getötet – ihr und ich. Wir alle sind seine Mörder.« Und er warf seine Laterne zu Boden, sodass sie auseinanderbarst und erlosch. Am selben Tag lief er in verschiedene Kirchen und stimmte das Requiem an. Da wurde er abgeführt. Er sagte nur noch resigniert: »Was bringen denn Kirchen noch, wenn sie nur Grüfte und Grabmäler Gottes sind?«

(P. lässt die Laterne sinken.)

»Ich suche – Gott. Wir alle haben ihn getötet.« Wir gehen zwar in die Kirche, aber im Alltag legen wir nicht genug Zeugnis für ihn ab. Wir reden genauso über die anderen und tragen genauso hausgemachte Vorurteile vor uns her wie die, die von Jesus gar nichts verstanden haben. Vielleicht gehen wir auch zu wenig bei denen in die Schule, die nur aufgrund ihres wachen Gewissens die Welt spürbar zum Positiven verändern.

(P. hält die Laterne wieder hoch.)

Vor fast zweitausend Jahren kam in Bethlehem einer auf die Welt, der später von sich sagte: »Ich bin das Licht der Welt.« Er gibt uns Antwort auf die Frage, was wir unter *Gott* verstehen können und wie ein Mensch sein soll.

(P. lässt die Laterne sinken.)

1. Jesus sagt: Gott ist ein »Immanuel« = ein »Ich bin mit euch«. Mit ihm kann der Mensch durch alle Angst gehen. Wer die Welt von Gott verlassen glaubt, der mache sich zuerst einmal klar, dass die Welt reich genug ist für alle und dass es Menschen sind, die sie zerstören, weil sie der Macht und dem Ungeist Raum gegeben haben. Jesus hat es vorgelebt: Dieser unser Gott will dienen bis in den Tod. Wer ihm also dienen will,

der wird sich manchmal vorkommen wie ein Esel. Darum steht ja ein Esel an der Krippe. Dieser unser Gott ist auch Licht gegen alle Finsternis, selbst mächtiger als die größte Dunkelheit, der Tod.

2. Jesus hat ebenfalls geoffenbart, wie der *Mensch* sein soll: Er stellte ein Kind in die Mitte. Solange unsere Gesellschaft, solange die Familie das Kind nicht in die Mitte stellt, so lange befinden wir uns auf dem falschen Weg. Und wie viele Kinder sind schon heruntergekommen, verführt, ausgenutzt?

Dieser Jesus lässt *alle* an die Krippe, auch die, die anders sind – wie damals die Hirten, die als Gesindel eingeschätzt wurden. Er lässt die Menschen aus allen Ländern herantreten – wie die drei Weisen aus dem Morgenland.

(P. hält die Laterne wieder hoch.)

Sie sehen, ich habe eine Stalllaterne mitgebracht: Im Stall hat alles angefangen. Wir dürfen uns an die Ursprünge des Christentums erinnern. Solch eine Laterne diente früher auch als Baustellenlampe. Die Kirche, die Botschafterin Jesu, muss wieder Baustelle werden: Sie kann mit schön geschmückten Kirchen allein nicht mehr überzeugen.

(Laterne wieder sinken lassen.)

Die Aufgabe der Kirche ist es, einen Gott zu verkünden, wie ihn Jesus widerspiegelte, einen Gott, der für uns da ist, uns nahe ist, uns trägt – bedingungslos, so wie wir sind. Also keine Kirche, die zuerst den moralischen Zeigefinger hebt – das hat auch Jesus nicht getan. Und diese Kirche darf ein neues Menschenbild verkünden. Gesucht wird der Mensch, der wie Jesus hautnah mitgeht, geschwisterlich mitfühlt und so zur Erlösung der Welt beiträgt.

(P. hebt die Laterne.)

Darum verkündet der, der gesagt hat: »Ich bin das Licht der Welt«,
später auch: »Ihr seid das Licht der Welt.«

(Nach einer Idee von Ernst Sieber, Platzspitz – Spitze des Eisbergs)

Weitere Anregung: Bei der Ankündigung der (Adveniat-)Kollekte sagt P. wieder mit der erhobenen Laterne: »Ich suche – ich suche Menschen, die durch ihr spürbares Teilen anderen helfen, wieder an Gott und an den Menschen zu glauben.«

32 Krippe und Kreuz

Vorbereiten: Eine lebensgroße Babypuppe in die Krippe legen. An Kopf, Händen und Füßen sind Fäden wie bei einer Marionette angebracht, die an einem Marionettenkreuz befestigt werden. (Nach einer Idee von Christoph Recker, Uns ist ein Licht aufgegangen. Verlag Herder, Freiburg; siehe Zeichnung von Marina Schlang)

Wir sehnen uns an Weihnachten nach ungestörter Herrlichkeit: Dazu gehört der wunderschön geschmückte Baum mit seinen Lichtern, die uns die Seele ausleuchten sollen. Wir möchten einen Blick durchs Schlüsselloch werfen, um das Paradies zu erblicken; wir möchten staunende Kinderaugen genießen. Und niemand soll uns diese Harmonie oder unsere Gefühle zerstören. Doch die Wirklichkeit sieht anders aus. *(Hier Aktuelles einfügen, was die Menschen bewegt: Von Ereignissen in der Ferne bis hin zu dem, was die Zuhörer/innen hautnah erfahren.* Ich sehe immer mehr leere Kinderkrippen, und bei den Kindern, die zur Welt kommen, können wir immer häufiger die vererbte Schuld einer ausgebeuteten Umwelt beobachten: vom Krupphusten bis zu Spreizhöschen und Allergien, die immer seltsamer ausfallen. – Da arbeiten die einen sich zu Tode, andere langweilen sich zu Tode. – Die Renten verdunsten, und die Alten werden um einen Teil ihrer Lebensfrüchte gebracht. – Die Reihe ließe sich endlos fortsetzen ...)

Aber wie war das denn damals, zur Zeit der Geburt Jesu? Über dem Kind in der Krippe stand ja auch schon das Kreuz!

(P. zeigt das Marionettenkreuz und zupft während des folgenden Abschnitts immer wieder verschiedene Gliedmaßen des Kindes hoch:)

Das Kind war doch auch den Mächtigen ausgeliefert und konnte nur reagieren. Da musste Maria sich wegen ihrer Schwangerschaft verteidigen und floh wahrscheinlich vor dem Getratsche in Nazareth für drei Monate ins Gebirge zu Elisabeth. – Maria wäre vielleicht gesteinigt worden, hätte Josef nicht die Vaterschaft angenommen. – Da kam das Kind nicht in einem Palast zur Welt, sondern in einem zugigen Stall. Da war kein Bett für das Neugeborene, sondern ein Futtertrog für Tiere. Da kamen nicht die Mächtigen und Meinungsmacher der damaligen Zeit, um anzubeten, sondern stinkende Hirten, vor denen die Tür verschlossen wurde, wenn sie die Herde durchs Dorf trieben. – Da blieb nur die Flucht bei Nacht und Nebel und die Asylsuche in Ägypten. Also: Dieses Kind war auch der von Generation zu Generation vererbten Schuld von Macht und Gewalt ausgeliefert.

Aber dann geschah das Unerwartete. Der Mensch gewordene Gottessohn nahm dieses Kreuz auf sich und durchkreuzte damit alle Maßstäbe der Welt. Ja, das Kreuz wurde zum Schlüssel, der uns alle verriegelten Türen aufschloss. Und hätte Jesus nicht seine Not am Kreuz herausgeschrien, dann hätten uns auch seine Seligpreisungen auf dem Berg nicht so beruhigen können. So aber durchbrach er den Teufelskreis der vererbten Schuld und zerriss alle Fesseln. Darum darf ich diesem Retter die Fesseln entfernen.

(P. streift die Fäden von Händen, Füßen und Kopf, legt das Kreuz hin und nimmt das Kind auf den Arm.)

Deshalb dürfen wir an Weihnachten in die Chöre der Engel einstimmen; die kommende Herrlichkeit im geschmückten Baum bewundern und uns staunend erfreuen an dem, was dieses Kind vermochte.

Das Wort vom Kreuz über der Krippe haben wir nicht zum ersten Mal gehört. Auf den großartigen Bildern alter Meister zur Geburt Jesu hängt oftmals auch ein Kreuz im Gebälk des Stalles, aber wir nehmen es nicht wirklich in unser Denken auf. Wie in einer Pfarrgemeinde, die einem Künstler am Ort den Auftrag gegeben hatte, eine neue Krippe für die Kirche zu schaffen. »Haben Sie besondere Wünsche?«, hatte der sich informiert. »Nein, die Figuren sollen aus Holz geschnitzt sein und nicht zu bunt bemalt werden.« Als der Künstler dann kurz vor Weihnachten dem Pfarrgemeinderat sein Werk vorstellt, nicken alle zufrieden: Maria wunderschön; Josef jung, dynamisch, innovativ, klasse! Kein alter Mann. Die Hirten und Könige hervorragend; die Tiere wie aus dem Bilderbuch. Aber dann, als er die Figur des Kindes für die Krippe auspackt, passiert es! Ein Raunen geht durch den Raum. Manche sind entsetzt: Das Gesicht des Kindes ist das Antlitz eines Mannes, aus dessen Kinn ein Bart wächst, auf dessen Kopf eine Dornenkrone drückt und über dessen Wangen Blut und Schweiß laufen.

(Nach Heribert Haberhausen)

Wenn uns wieder das Entsetzen überkommt, weil wir Ungerechtigkeit spüren oder den Teufelskreis von Gewalt und Vergeblichkeit aushalten, wenn wir im Krankenbett liegen und Ärzte an unseren Gliedmaßen wie Mächte des Schicksals ziehen, dann dürfen wir auf die einladenden Arme des Kindes schauen: Jesus hat die Einladung an uns so ernst genommen, dass er sich später darauf festnageln ließ.

(P. legt das »Kind« in die Krippe und das Marionettenkreuz mit den Fäden daneben.)

Die Glut wieder entfachen

Vorbereiten: Ein von einer Batterie erleuchtetes rotes Lämpchen liegt unter einem winzigen Reisigbündel = ein Hirtenfeuer.

(P. zeigt auf das Hirtenfeuer.)
An fast keiner Erzählkrippe fehlt das glühende Feuerchen, dessen Wärme alle suchen, auch die Hirten und Tiere. Es wirkt wie wärmende Glut in kalter Winternacht. Das Hirtenfeuerchen ist wie ein Symbol, ein hilfreiches Zeichen für den gegenwärtigen Zustand unserer »winterlichen Kirche« (Karl Rahner) in diesem Land. Sicher, an Heiligabend sind alle Kirchen zu klein, aber das war's dann auch für die meisten bis zum nächsten Weihnachtsfest.

Niemand kann darüber hinwegsehen, dass das Religiöse wieder in der Gesellschaft aufflackert. Aber das bedeutet nicht zwangsweise christliche Religion, auch nicht Kirchlichkeit. Wer genau hinschaut und sieht, wie viele junge Eltern sich nicht mehr in der Lage sehen, ihren Kindern das Vertrauen auf das Kind in der Krippe einzupflanzen, der kann traurig werden. Wenn Umfragen stimmen, wissen nur noch zehn Prozent der Bevölkerung, warum wir Weihnachten feiern – obwohl das kaum zu glauben ist –, denn überall zeigen die aufgestellten Krippen die Geburt des Gottessohnes. Angesichts des liebenswerten Kindes in der Krippe ist es aber wichtig, nach Positivem Ausschau zu halten:

1. Es gibt noch die Glut unter der Asche. Ohne Wärme kann der Mensch nicht leben. In die rettende Glut müssten eigentlich die Holzscheite unserer Zweifel und Bequemlichkeiten geworfen werden, vor allem aber die wärmenden Worte der biblischen Berichte wie »Heute ist euch der Retter geboren«

(Lk 2,11) oder »Das Wort Gottes ist Fleisch geworden« (Joh 1,14) oder »Das Licht leuchtet in der Finsternis« (Joh 1,5).

2. Von Weitem kann das Hirtenfeuer wie ein pochendes Herz aussehen. Da muss uns klar werden: Wenn Kirche heutzutage noch eine Chance haben will, muss sie Herz zeigen, muss sie für andere da sein, sich selbstvergessen den Menschen zuwenden – wie ein Golfstrom, der kalte Küsten bewohnbar macht. Eine Ärztin braucht Wissen, aber sie gewinnt ihre Patienten noch mehr, wenn sie für sie Zeit hat und ihnen Herz zeigt. Ein Lehrer, der gut den Stoff vermittelt, kann von Schülern geliebt werden, mehr aber der, der sich ihnen zuwendet. So geht es in der Kirche auch nicht ohne Gebote und Grundsätze, aber das Kind in der Krippe hat später gesagt, dass das Herz über dem Gesetz stehen muss. Eine Kirche mit Herz, die sich an Jesus orientiert, braucht keine Angst vor der Zukunft zu haben. Was passiert da, wo sich junge Menschen von neuen Netzwerken christlichen Glaubens, oft auch freikirchlichen Gemeinschaften, ansprechen und begeistern lassen!?

3. So ein Hirtenfeuer kann auch ein Lichtzeichen für Suchende sein. Es gibt keinen bequemen Weg, die Fülle des Lebens zu erfahren; es bringt auch nichts, sich einen Span vom Hirtenfeuer zu nehmen und damit allein in die Dunkelheit zu gehen. Es nützen auch nicht die Flämmchen leerer Versprechungen, die letztendlich kalt lassen und nicht wärmen. Es geht nur über Menschen, die ihr Herz an die Angel hängen und weitererzählen, wie das Kind in der Krippe ihre Seele erfüllt.

(Nach Erich Läufer in Kölner Kirchenzeitung 51/52 2006, S. 5)

Wir brauchen Hirtenfeuer in jeder Familie, in jeder Straße, damit wir nicht erfrieren.